Felix Mathys

Segenszeugnisse aus dem Alten Israel

T V Z

Felix Mathys

Segenszeugnisse aus dem Alten Israel

Theologischer Verlag Zürich

Bibliographische Informationen der Deutschen Nationalbibliothek

Die Deutsche Nationalbibliothek verzeichnet diese Publikation in der
Deutschen Nationalbibliographie; detaillierte bibliographische Daten
sind im Internet über http://dnb.d-nb.de abrufbar.

Umschlaggestaltung
Simone Ackermann, Zürich, unter Verwendung einer Abbildung einer
Grabinschrift aus Chirbet el-Qom (siehe 10.2.1), Photographie von
William G.Dever

Druck
ROSCH-BUCH, Scheßlitz

ISBN 978-3-290-17547-4

© 2010 Theologischer Verlag Zürich
www.tvz-verlag.ch

Vorwort

Das Vertrauen in Gottes Segen gehört zu den wichtigsten Elementen des christlichen Glaubens. Mit dem Segenszuspruch wird jede gottesdienstliche Feier abgeschlossen, er gehört in Wort und Geste zu seelsorgerlichen Kontakten, und er ruft in alltäglichen zwischenmenschlichen Begegnungen die Zuwendung Gottes an.

Solches Vertrauen gehörte auch im Alten Israel zum religiösen Leben. Neben dem Alten Testament bezeugen das viele Befunde aus archäologischen Untersuchungen. Von der Archäologie im Umfeld der Bibel erwartet man in der Regel gerne Ergebnisse, die sich auf die nicht unumstrittene geschichtliche Entwicklung in Israel und die Entstehung der Bibel beziehen. Archäologie kann jedoch auch zur Vertiefung der Kenntnisse über die Geschichte des Glaubens beitragen. Davon ist in diesem Buch die Rede.

Ich danke allen, die mich im Lauf der Jahre in der Beschäftigung mit dem Alten Testament und der Archäologie im Umfeld der Bibel begleitet und gefördert haben, allen voran Hans Wildberger, der im vergangenen Januar hundertjährig geworden wäre. Ich danke Samuel Arnet für das intensive, sorgfältige und kundige Lektorat.

In grosser Dankbarkeit widme ich das Buch meiner Frau Ruth, geb. Liechtenhan. Sie musste wegen meiner Arbeit an diesem Thema auf vieles verzichten.

Wädenswil, im März 2010
Felix Mathys

Inhaltsverzeichnis

1. Einleitung

«Grüss dich Gott»: In manchen Gegenden des deutschen Sprachgebiets ist diese oder eine ähnliche Begrüssungsformel auch heute noch in Gebrauch, möglicherweise am häufigsten noch in der schweizerdeutschen Form «Grüezi» bzw. «Grüessech». Die Begrüssung bezieht Gott mit ein, ist ein Segenszuspruch. Das gilt in besonderer Weise schon für die erste Begrüssung jedes Menschen: Das ursprünglich eng mit der Geburt verbundene Ritual der Taufe überantwortet einen neugeborenen Menschen vom Anfang des Lebens an dem Segen Gottes. Auch wer die Taufe von Säuglingen ablehnt und sie an die später zu erfolgende Glaubensentscheidung eines Erwachsenen binden will, dem ist in aller Regel eine Segenshandlung nach der Geburt wichtig.

Manchmal soll diese Gottesbeziehung auch in der Namengebung zum Ausdruck kommen und den Träger des Namens sein Leben lang begleiten. Allerdings ist das auch der Mode unterworfen; so finden sich «Gottfried» oder «Traugott» kaum mehr oben auf der Rangliste der beliebtesten Namen.

Ein Segenszuspruch gehört sodann, wenn auch nicht mehr so häufig, zur Verabschiedung: «Behüt dich Gott, bhüet di Gott». Das gilt besonders, wenn jemand für längere Zeit, für eine gefahrvolle Unternehmung oder für eine grössere Reise verabschiedet wird. So wird es auch für die «letzte Reise» gehalten: Man spricht einem Sterbenden oder eben Verstorbenen Gottes Segen zu – am Ort des Sterbens oder der Aufbahrung und bei der Bestattung. Zum Vertrauen in Gottes Zuwendung gehört die Zuversicht, dass die Gottesbeziehung über die Grenze des irdischen Lebens hinaus wirksam bleibt. Gott möge einen Menschen auch über das irdische Leben hinaus behütend begleiten. Ankommen und Weggehen sollen unter Gottes segnender Obhut stehen.

Wünsche zu einem Geburtstag haben auch heute noch zuweilen die Form eines direkten Segenszuspruchs oder drücken einen solchen indirekt aus. Auch Wünsche zur Hochzeit haben nicht nur im Rahmen einer allfälligen gottesdienstlichen Feier oft die Form eines ausdrücklichen Segenszuspruchs.

Alle diese Segenswünsche werden meistens nicht von beauftragten Seelsorgern zugesprochen, sondern von Nahestehenden: Segnen kann jeder Mensch. Das gilt besonders auch für den Segen an Krankenbetten. So gehört der persönliche Segenszuspruch von Haus aus in den privaten, alltäglichen Bereich und ist nicht schon eine kultische Handlung durch besonders bestimmte, «priesterliche» Amtsträger. Das gilt für den Weg durch das ganze Leben, nicht nur, aber in besonderer Weise an den Übergangsstellen Geburt, Erwachsenwerden/Heirat und Tod.

Im Alten Testament jedoch ist vom Segen oft im Zusammenhang gottesdienstlichen Handelns die Rede.[1] Dabei richtet er sich an eine Versammlung, an eine Gemeinde oder gar an das ganze Volk. Aber auch in der Bibel lässt sich erkennen, dass die ursprüngliche Form per Du von Gott an eine Person gerichtet ist; der Zuspruch an eine versammelte Gemeinde ist also eine abgeleitete Form.[2]

Das geht deutlich aus der bekanntesten Bibelstelle hervor, dem sogenannten «aaronitischen Segen». Der eigentliche Segenszuspruch in Num 6,24–26 ergeht von → JHWH per Du, erst der Rahmen mit den zugefügten Versen 23 und 27 spricht ihn ausdrücklich «den Israeliten», dem gan-

---

[1] Siehe z.B. Frettlöh 1998, 57; Seybold 2004, 20.
[2] Siehe dazu etwa Greiner 1999, 26ff.

zen Volk zu, also nicht nur einer Art Kerngemeinde. Mose wird von Gott beauftragt, seinem Bruder Aaron (dem Priester) sowie dessen Söhnen und Nachfolgern zu sagen:

[23] So sollt ihr die Israeliten segnen, sprecht zu ihnen:
[24]   JHWH segne und behüte dich.
[25]   JHWH lasse sein Angesicht leuchten über dir und sei dir gnädig.
[26]   JHWH erhebe sein Angesicht zu dir und gebe dir Frieden.
[27] So sollen sie meinen Namen auf die Israeliten legen, und ich werde sie segnen.

Ein gottesdienstlicher Zusammenhang gilt auch für viele andere Vorkommen von Segensworten im Alten Testament. Das hat von jeher dazu geführt, Segenshandlung und Segenszuspruch vor allem im Gottesdienst zu sehen oder gar ganz darauf zu beschränken.[3] Bei genauerem Zusehen finden sich aber auch manche Beispiele von Segenszuspruch im alltäglichen Leben und an eine einzelne Person. Dazu gehören die häufigen Segenszusprüche «von Generation zu Generation» in den Erzelterngeschichten der Genesis oder jener in Ps 24,5. Rainer Albertz schreibt dazu: In den Familien «hatte man seinen eigenen Schatz religiöser Erfahrungen, Erfahrungen göttlichen Segens, göttlichen Schutzes und göttlicher Rettung».[4] Segnen begründet Gemeinschaft und Aufnahme in sie, in alltäglichen Begegnun-

---

[3]   Eine gewichtige und begrüssenswerte Ausnahme bildet der auf breiter Erfahrung beruhende seelsorgerliche Aspekt in der grundsätzlich systematisch-theologisch ausgerichteten Arbeit von Dorothea Greiner 1999.
[4]   R. Albertz, Religionsgeschichte Israels in alttestamentlicher Zeit: ATD Erg.R. 8/1,2 (1992) 145.

gen zwischen Gott und Mensch und zwischen Mensch und Mensch. Auch das Alte Testament lässt durchblicken: Von Haus aus gehört Segnen nicht in priesterliches, gottesdienstliches Handeln, sondern ist aus dem Alltag in den Kult übernommen worden.

Wie Andreas Wagner anhand von archäologischen Zeugnissen und biblischen Belegen gezeigt hat, ist auch der Stil der Segensformulierungen ursprünglich von der Sprache des Alltags geprägt und weist «kaum Spuren besonderer literarischer oder theologischer Formung» auf.[5]

Unsere Kenntnis von Segenszusprüchen aus dem Umfeld der Bibel ist dem Umstand zu verdanken, dass sie auf Materialien festgehalten worden sind, die sich erhalten haben, bei archäologischen Untersuchungen zutage gefördert werden oder auch (aus leider unbekannter Herkunft) im Antikenhandel auftauchen. So zeigen unter den neueren archäologischen Veröffentlichungen erstaunlich viele, dass – und wie – der Segenszuspruch von Gott den Alltag der Israeliten geprägt hat, vom Anfang bis ans Ende des Lebens und darüber hinaus. Die Dokumente gehören zum Privatleben, zum Handel oder zur kleinen Politik und zeigen noch deutlicher, was Segen und Segnen für die Israeliten seinerzeit im alltäglichen Leben bedeutete. Der Blick in diese Quellen und der Vergleich mit noch lebendigen Bräuchen sind somit nicht nur für Spezialisten interessant, sondern bieten wertvolle Anregungen für die eigene persönliche Beziehung zu Gott und die Segenskraft, die von ihm ausgeht.

---

[5] A. Wagner, Segnen im Alltag des Alten Israel, in: Beten und Bekennen. Über Psalmen (Neukirchen 2008) 217–220 [Nachdruck aus: DtPfrBl 97 (1997) 509–510], Zitat 220.

Das soll nachfolgend anhand einiger einschlägiger inschriftlicher Dokumente, die den biblischen Befund ergänzen, illustriert werden. Im Mittelpunkt stehen archäologische Dokumente, vor allem aus dem «Land der Bibel» und aus biblischer Zeit. Weitere Belege aus der Bibel werden nur in kleiner Auswahl herangezogen.

Zum biblischen Befund und zur Theologie des Segens ist 1970 eine leider wenig verbreitete Basler Dissertation erschienen, später eine kürzere Abhandlung von Klaus Seybold. Erst in neuerer Zeit haben sich einige gewichtige Arbeiten des Themas angenommen, in deutscher Sprache vor allem die Bücher von Magdalene L. Frettlöh, Dorothea Greiner (beide auf je verschiedene Weise systematisch-theologisch ausgerichtet) und Martin Leuenberger (archäologisch und bibelwissenschaftlich); sie ermöglichen einen ausführlichen Einblick in die intensiv geführte theologische Diskussion.[6]

Die Suche nach Motiven des Segens in den Dokumenten des vorchristlichen Palästina/Israel orientiert sich am Wortelement *brk*, das auffällig häufig zu finden ist. Die hebräische Sprache ist (wie alle andern semitischen Sprachen) aus Grundelementen, sogenannten Wurzeln, aufgebaut, die meistens aus drei Konsonanten bestehen, welche auf verschiedene Weise mit Vokalen sowie Vorsilben und Endungen ergänzt werden. Die Wurzel *brk* mit der Bedeutung «Segen, segnen» ist Teil des Namens «Baruk» (oder «Baruch»), «Gesegneter».[7]

---

6 Wehmeier 1970; Seybold 2004; Frettlöh 1998; Greiner 1999; Leuenberger 2008a.

7 Das Nebeneinander von «k» und «ch» kommt daher, dass im Hebräischen der Konsonant *k* am Silbenanfang wie deutsches «k», nach Vokalen aber wie «ch» auszusprechen ist. Der Name wird also entweder buchstabengetreu «Baruk» oder nach der Aussprache «Baruch» geschrieben.

Wir verzichten auf eine ausführliche wissenschaftliche Dokumentation und beschränken uns in der Regel auf die Angabe der neuesten, wichtigsten und möglichst leicht zugänglichen Veröffentlichung und Interpretation der betreffenden Dokumente. Bei der Auswahl archäologischer Funde muss auch die Frage nach ihrer Echtheit gestellt werden, da solche Gegenstände aus unedlen Motiven auch gefälscht werden. Dies führt manchmal zu hitzigen Streitereien über die Echtheit jener Exemplare, die nicht aus sicher dokumentierten Grabungen, sondern aus dem Antikenhandel stammen: Sind es echte Stücke aus Raubgrabungen oder handelt es sich um Fälschungen? – Im Folgenden werden daher nur Objekte thematisiert, deren Echtheit durch die Herkunft aus offiziellen Grabungen erwiesen, gänzlich unbestritten oder mindestens wahrscheinlich ist.

Die Texte werden in der Regel nur in Übersetzung wiedergegeben; für die oft nur schwer lesbaren Originaltexte (→ Entzifferung) sei auf die angegebenen wissenschaftlichen Veröffentlichungen verwiesen. Wenn die Originaltexte hier ausnahmsweise doch aufgeführt werden, erfolgt deren Umschrift in *kursiven Buchstaben*. Dazu ist anzumerken, dass die hebräische Schrift, wie auch die der verwandten semitischen Sprachen, grundsätzlich nur Konsonanten kennt; die Vokale hatte man beim Lesen zu ergänzen, was für das Neuhebräische (Iwrit) bis heute gilt. Aus vokalnahen Konsonanten entstanden aber auch einige Lesehilfen, am häufigsten die Konsonanten *j* zur Lesehilfe für den Vokal *ī* und *w* für *ū* oder *ō*. Der unbetonte e-Laut wird mit *ə* dargestellt; seine hebräische Bezeichnung «Schwa» ist auch in andere Sprachen übergegangen.

Bekannt ist im Allgemeinen die sogenannte hebräische Quadratschrift – etwa von Bibeldrucken oder Aufschriften an Synagogen. Sie ist ungefähr im 3. Jahrhundert v. Chr. in Gebrauch gekommen und bringt die Zeichen in eine möglichst quadratische Form. In früherer Zeit hingegen fand im westlichen Vorderen Orient – neben den ägyptischen Hieroglyphen und der mesopotamischen Keilschrift – eine in fast allen Kulturen ähnliche Schriftform Verwendung, die das phönizische Alphabet verwendet und im Gebiet der Israeliten «althebräisch» genannt wird. Aus ihr – und nicht aus der Quadratschrift – ist übrigens auch unsere «dateinische» Schrift entstanden, überbracht durch die Phönizier und die Griechen.

Da die Mehrzahl der besprochenen Funde die althebräische (phönizische) Schrift aufweist, bietet die folgende Tabelle die phönizische Form, die Quadratschrift und eine Umschrift. So lässt sich anhand der Abbildungen die vorgeschlagene Lesung nachsehen. Die Beschäftigung damit, wie sich diese Schriftformen im Lauf der Zeit verändert haben, nennt man → Paläographie.

Die erste Spalte zeigt die Zeichen des phönizischen Alphabets und die zweite jene der Quadratschrift:

𐤀	א	ʾ (Stimmansatz, wie in «Urʾahn»)
𐤁	ב	b
𐤂	ג	g
𐤃	ד	d
𐤄	ה	h
𐤅	ו	w
𐤆	ז	z (stimmhaft, wie in «Sommer»)
𐤇	ח	ḥ (wie in «Bach»)
𐤈	ט	ṭ
𐤉	י	j
𐤊	כ	k
𐤋	ל	l
𐤌	מ	m
𐤍	נ	n
𐤎	ס	s (stimmlos, wie in «heiss»)
𐤏	ע	ʿ (Stimmansatz, wie in «Urʾahn»)
𐤐	פ	p
𐤑	צ	ṣ (wie in «Netz»)
𐤒	ק	q
𐤓	ר	r
𐤅	שׁ	š (wie in «Busch»), seltener ś (stimmlos, wie in «heiss»)
𐤕	ת	t

1.2 TEXTE UND BILDER

Seit einiger Zeit zieht man mit Recht und grossem Gewinn zur Erforschung der israelitischen Religion auch bildliche Dokumente heran. Manche dieser Bilder sind, vor allem in früher Zeit, Ausdruck von Segen und gelegentlich mit Worten kombiniert. Der Bedeutung und den erforderlichen Voraussetzungen zur Deutung von Bildern nachzugehen, ginge über das Ziel der vorliegenden Vorstellung von primär durch Schrift und Sprache geprägten Dokumenten hinaus. Sehr oft enthalten sie nur Text und keine Bilder. Die Beschränkung auf schriftliche Zeugnisse trägt aber auch dem Umstand Rechnung, dass Gottes Segen hörbar mit Worten zugesprochen worden ist. Zu einem qualifizierten Segensritual gehört nach dem hier vertretenen Verständnis unabdingbar das gesprochene und/oder geschriebene Wort, wohl meistens verbunden mit einer segnenden Geste, z. B. einer erhobenen Hand. Bilder mit solchen Gesten oder anderweitiger Symbolik des Segens können so durchaus einen zusätzlichen Beitrag zum Verständnis des Segens leisten. Die Beschränkung auf inschriftliche Zeugnisse bedeutet denn auch nicht eine grundsätzliche Absage an das Heranziehen von Bildern, sondern will einen – allerdings in der Sache gegebenen – Schwerpunkt setzen: Segen ist mehr als ein Glückwunsch oder die Wirkkraft einer bildlichen Darstellung. Er ist eine wirksame Kraft zum Guten.[8]

1.3 Segen als Kraftwirkung Gottes

Segen ist eine heilvolle, von Gott ausgehende und auf Menschen wirkende Lebenskraft. In einigen archäologischen Dokumenten und an manchen Stellen im Alten Testament wird dies im Hebräischen ausgedrückt durch das Verbum *brk*, gefolgt von der Präposition *lə* und einem Gottesna-

---

[8] G. van der Leeuw, Einführung in die Phänomenologie der Religion (Darmstadt 2. Aufl. 1961), 156; zu den Bildern vgl. u. a. Schroer 1987; Keel 1992; Keel/Uehlinger 2001.

men, meistens → JHWH.[9] Die sehr häufige Präposition *lə* wird vielfältig verwendet; Ernst Jenni, der ihr in einem gewichtigen Buch nachgegangen ist, gibt als Grundbedeutung «hinsichtlich», «in Bezug auf» an.[10] Verbunden mit «segnen» oder «gesegnet» führt die Präposition zur Bezeichnung des Wirkbereiches Gottes: Der Mensch ist Gott zugehörig; Gott wirkt für ihn durch die Kraft seines Segens. Am genauesten wäre das zu übersetzen mit «vonseiten», also: «ich segne dich/gesegnet bist du vonseiten Gottes». Einfacher und verständlicher wird es im Deutschen mit «durch», also: «ich segne dich/gesegnet bist du durch Gott». Nachfolgend wird jeweils diese Übersetzung gewählt.

1.4 Segen überschreitet Grenzen

Bei der Sichtung des archäologischen Fundmaterials fällt auf, dass charakteristische Segensdokumente zuweilen aus Israels Nachbarschaft stammen oder nicht eindeutig einem Volk zugeordnet werden können.[11] Die Verwandtschaft

---

[9]   Mit JHWH: 9-mal auf den hier vorgestellten Dokumenten, entweder aktiv, «ich segne dich/euch …» (siehe Kapitel 5.1–3), oder passiv, «gesegnet sei …» (siehe Kapitel 4; 7.1; 9,1; 10.3 und 10.5). 7-mal (passiv) in der Hebräischen Bibel: Ri 17,2; Rut 2,20; 3,10; 1Sam 15,13; 23,21; 2Sam 2,5; Ps 115,15; ferner in Gen 14,19 mit der Gottesbezeichnung «höchster Gott». Im unter 5.3 vorgestellten Dokument ist neben JHWH auch die Göttin Aschera genannt; im Siegel unter 6.3 ist der Gott Milkom Segensspender; in jenem unter Kapitel 8 wirkt der «Name Gottes» Segen.
[10]   E.Jenni, Die hebräischen Präpositionen, Band 3: Die Präposition Lamed (Stuttgart 2000), 11. Zur Bedeutung von *brk lə* siehe auch J.K. Aitken, The Semantic of Blessing and Cursing in Ancient Hebrew (Ancient Near Eastern Studies Supplement Series, Band 23), 30 und 99.
[11]   «Israel» bezeichnet hier und im Folgenden das Land und das Gottesvolk als Ganzes, nicht das Nordreich im Unterschied zum Südreich Juda. Dieser Sprachgebrauch ist in Theologie und Kirche üblich.

unter den Völkern im Vorderen Orient ist sprachlich, kulturell und zum Teil auch religiös sehr eng. Hebräisch gehört zu den westsemitischen Sprachen; es liegt den Sprachen seiner Nachbarvölker näher als etwa Holländisch dem Oberwalliser Deutsch. Zudem gehört der Segen zu den religiösen Phänomenen, die die Religionen mehr verbinden als trennen. Im Alten Testament zeigt sich das besonders in den Sprichwörtern, wie sie sich in der Weisheitsliteratur, etwa im Hiobbuch oder im Sprüchebuch, finden. Israel war mit der Kultur – und teilweise auch mit der Religion – seiner Nachbarn verflochten; es hat sich von seiner Umwelt nicht nur abgegrenzt. Dennoch ist sein und unser Gott einzig, und Israels Glaube gewinnt in dieser Welt sein besonderes Profil.

Vergleichbare Dokumente zum Segen begegnen aber nicht nur aus der Entstehungszeit der Hebräischen Bibel, sondern auch aus der Zeit des vorisraelitischen «Landes Kanaan» und aus nachbiblischer Zeit. Bei der Erörterung des Themas «Segen» ist es deshalb weder sinnvoll noch erfolgversprechend, genaue Grenzen zwischen Israeliten, Nachbarvölkern oder biblischen und ausserbiblischen Zeiträumen zu ziehen.

Dazu ist weiter noch Folgendes zu bedenken: Zur Erforschung der israelitischen Religion, vor allem aufgrund der Schriften, die später zum kanonischen «Alten Testament» gezählt wurden, gehörte von jeher das Ziel einer möglichst klaren Abgrenzung von andern Völkern, vor allem der Nachbarvölker (z. B. Moabiter, Edomiter, Ammoniter, Phönizier, Aramäer). Der JHWH-Glaube soll – nicht zuletzt durch den Monotheismus – deutlich und klar von der in der Regel polytheistischen Religiosität der Nachbarn abgegrenzt werden.

Dieses Ziel wurde und wird nicht nur in der Erforschung und Auslegung biblischer Texte verfolgt, sondern auch in der Zuordnung archäologischer Funde: Stammt etwa eine Inschrift aus dem Nordreich, dem Südreich oder von einem Nachbarvolk? Da die Erforschung der Geschichte Israels und seiner Grenzen mit allerlei Unsicherheiten behaftet ist, erlauben auch die archäologische Fundsituation und deren örtliche Lage nicht in jedem Fall eine sichere Datierung und Zuordnung. Siedlungsformen nomadischen, halbnomadischen oder sesshaften Charakters, die Architektur von Wohnhäusern oder Heiligtümern und Ähnliches wird oft für eine entsprechende (manchmal auch vom Forscher erwünschte) Zuordnung geltend gemacht. In angemessenen Grenzen angewendet, kann auch die → Paläographie zu einer kulturellen oder zeitlichen Zuordnung beitragen.

In Bezug auf den Segen gilt jedoch die zunehmende Einsicht der neueren Forschung, dass die Tendenz, einzelne Völker und Kulturen voneinander abzugrenzen, der damaligen religiösen Realität wenig entspricht: Die biblischen und ausserbiblischen Zeugnisse zeigen – neben spezifischen Eigenheiten – viele Gemeinsamkeiten des Glaubens in Israel und bei seinen Nachbarn. Zum Abschluss seiner Auflistung von religiös geprägten Personennamen aus dem syrischen Palmyra beschreibt André Caquot denn auch sehr treffend die sich in diesen Namen widerspiegelnde Frömmigkeit: «Cette piété n'a rien de spécifiquement palmyrénien, ou araméen, pas plus que celle des anthroponymes de l'Ancien Testament n'est spécifiquement israélite. Les parallèles rencontrés chemin faisant viennent des horizons les plus divers du domaine sémitique.»[12]

---

[12] A. Caquot, Sur l'onomastique religieuse de Palmyre: Syria 39 (1962) 231–256, dort 256.

Geht man zunächst von dieser Grundvoraussetzung aus, stösst man aber doch auf eine bemerkenswerte Besonderheit: In Israel ist, spätestens seit dem 6. Jahrhundert v. Chr., Segensspender fast ausschliesslich der eine Gott JHWH. Dieser Befund und einige archäologisch belegte Ausnahmen davon haben im Rahmen der breiten, neu aufgeflammten wissenschaftlichen Diskussion um das Aufkommen und die Geschichte des JHWH-Monotheismus[13] eine recht grosse Rolle gespielt. Gleichzeitig nimmt – im Zusammenhang mit dem Bilderverbot (Ex 20,4) – die Zahl von Segensbildern markant ab; sie werden durch bildlose Dokumente abgelöst. Diese Tendenz ist auch in benachbarten Kulturen zu beobachten.

Generell kann man jedenfalls festhalten: Die Zeugnisse zum Glauben an das segnende Handeln der Gottheit überschreiten im antiken Vorderen Orient die Grenzen von Kulturen, Religionen und Völkern. In diesem Rahmen ist es sinnvoll, auch einige Zeugnisse aus den Nachbarvölkern und aus weiter entfernten vorderorientalisch-semitischen Kulturen sowie aus vor- und nachbiblischer Zeit vorzustellen. Schliesslich ist es reizvoll, zum Vergleich mit den besonders bedeutsam gewordenen Silberröllchen aus einem Grab in Ketef Hinnom bei Jerusalem einige ähnliche Ob-

---

[13]   Aus der Fülle neuerer Literatur zur Monotheismusfrage seien genannt: W. Dietrich/M. Klopfenstein (Hg.), Ein Gott allein?: OBO 139 (1994); F. Stolz, Einführung in den biblischen Monotheismus (Darmstadt 1996); M. Oeming/K. Schmid (Hg.), Der eine Gott und die Götter: AThANT 82 (2003); A. A. Diesel, «Ich bin Jahwe». Der Aufstieg der Ich-bin-Jahwe-Aussage zum Schlüsselwort des alttestamentlichen Monotheismus: WMANT 110 (2006); Keel 2007; S. Petry, Die Entgrenzung JHWHs. Monolatrie, Bilderverbot und Monotheismus im Deuteronomium, in Deuterojesaja und im Ezechielbuch: FAT 2/27 (2007). Siehe dazu unten 5.4.

jekte aus dem frühmittelalterlichen europäischen Raum heranzuziehen.

1.5 AUFBAU DER FOLGENDEN DARSTELLUNG

«Segen ist die Begründung von Gemeinschaft und Aufnahme darin».[14] Segen gehört zur Begegnung zwischen Mensch und Mensch sowie zwischen Gott und Mensch und verleiht ihr eine Dimension über das bloss Menschliche hinaus. Segen prägt eine Begegnung mit einer positiven Kraft von Gott her. So begleitet Gottes Segen den Menschen durch das ganze irdische Leben hindurch – und gemäss neueren Erkenntnissen auch über den Tod hinaus:

- Am Anfang des Lebens steht die Namengebung (Kapitel 2).
- Zur mündlichen zwischenmenschlichen Begegnung gehören Begrüssung und Verabschiedung (Kapitel 3).
- Eine namentlich genannte Person wird – aus manchmal unbekanntem Anlass – gesegnet (Kapitel 4).
- Überlieferte Dokumente schriftlicher Kommunikation, Meldungen oder Briefe beginnen oft mit einem Segensgruss (Kapitel 5).
- Die auf Siegeln zu findende Berufung auf Gottes Segen bekräftigt deren Funktion, die Identifikation des Erstellers und die Echtheit von Dokumenten zu bezeugen (Kapitel 6).
- Mit Segenszusprüchen werden Gegenstände oder Bauten geweiht (Kapitel 7).
- Ein Dokument bezeugt eine vom Segen begleitete Gotteserscheinung; dazu gibt es auch biblische Parallelen (Kapitel 8).

---

14 Horst 1961, 195.

- Ein Leben unter dem Segen Gottes soll ein langes Leben werden (Kapitel 9).
- Schriftdokumente geben einer verstorbenen Person Gottes Segen mit ins Grab – auf den Weg in ein neues Leben (Kapitel 10).

2. Personennamen mit dem Element *brk* («segnen»)

Personennamen bieten einen wertvollen Spiegel religiöser Prägungen antiker Kulturen. So ergeben die recht zahlreichen Namen mit dem Element *brk* («Segen, segnen») im Land der Bibel und seiner Nachbarn einen ersten Hinweis auf die Bedeutung des Vertrauens in Gottes Segen im Alltag. Im Bewusstsein, dass der Mensch im Lauf seines Lebens auf Gottes Segen angewiesen ist, gibt man seinem Kind einen Segensnamen.

So seien hier einige Namen mit dem Element *brk* vorgestellt, die in der Hebräischen Bibel, in Inschriften und auf → Siegeln im Land und in der Zeit der Bibel gebräuchlich waren. Wir begegnen dabei Formen, die das Segnen ausdrücklich mit einem Gottesnamen (JHWH oder einer andern Gottheit) verbinden, und daneben Kurzformen, bei denen die Kraft Gottes unausgesprochen mitschwingt.[15] Dieses Nebeneinander von Langformen (mit Gottesnamen) und Kurzformen (ohne Gottesnamen) ist in der israelitischen Namengebung auch mit anderen Grundelementen häufig, beispielsweise Netanjahu/Netanja (etwa Jer 40,8 bzw. 14) neben Natan (2Sam 7,2). Schon damals, nicht erst in moderner Zeit, hat man den gleichen Namen in verschiedenen Varianten verwendet. Dabei musste es sich nicht notwendigerweise um die gleiche Person handeln.[16]

---

[15] In Belegen aus dem Alten Testament und in archäologischen Belegen aus dem Palästina der alttestamentlichen Zeit sind solche Kurzformen mit «JHWH» zu ergänzen.

[16] Zum Ganzen auch Greiner 1999, 77ff.; allgemein aus sprachlicher Sicht Noth 1966, 195–196, zu Kurznamen 37ff.

Unter den Segensnamen am besten bekannt und bis in die heutige Zeit gebräuchlich ist die Kurzform «Baruch», *brwk*. Man kann die Form als Vertrauensnamen verstehen («Gesegnet») oder auch als Wunsch («N. N. sei gesegnet»).[17] Der bekannteste Träger dieses Namens im Alten Testament ist wohl Baruch, der Schreiber des Propheten Jeremia (Jer 32 und 36). 1978 wurden zwei Siegelabdrucke mit dem klar lesbaren Text «Gehört dem *brkjhw*, dem Sohn des Nerija, dem Schreiber» veröffentlicht, der sich (auch gemäss paläographischer Beurteilung) nach einhelliger Auffassung auf Jeremias Sekretär bezieht.[18] Damit liegt ein anschauliches Beispiel für das Nebeneinander der kurzen und der mit dem Gottesnamen erweiterten Form des Namens «gesegnet» bzw. «JHWH segnet» vor. Obwohl die Objekte aus dem Antikenhandel stammen, wurden sie bisher für echt und als Beleg für die Existenz des «Berechjahu» gehalten. Erst kürzlich sind nun allerdings ernsthafte Zweifel an der Annahme ihrer Echtheit geäussert worden.[19]

Zwei andere Personen namens *brwk* begegnen innerbiblisch im Buch Nehemia, eine weitere ausserbiblisch auf

---

[17] Noth 1966, 183.

[18] Siehe dazu J. Taschner, Zusammenhalt trotz inhaltlicher Differenzen. Jer 36 als Selbstvergewisserung der Beamten und Schreiber in frühnachexilischer Zeit: EvTh 69 (2009) 366–381, besonders 376–377.

[19] Veröffentlichungen (soweit möglich zitiert nach HAE; oft auch bei Davies 1991 und Avigad/Sass 1997 zu finden): HAE II/2, Nr. 2.30. Zweifel äussert u. a. C. Uehlinger, Spurensicherung: alte und neue Siegel und Bullen und das Problem ihrer historischen Kontextualisierung, in: S. Lubs u. a. (Hg.), Behutsames Lesen. Alttestamentliche Exegese im interdisziplinären Methodendiskurs: FS Christof Hardmeier, ABG 28 (Leipzig 2007) 89–137, besonders 110–113.

einem mehrfach vorhandenen Siegelabdruck unbekannter Herkunft.[20]

brkjhw oder die leicht gekürzte Form *brkjh* findet sich auch einige Male in der Hebräischen Bibel. Der Vater des Propheten Sacharja heisst so (Sach 1,1.7), und in den Namenlisten der Chronikbücher finden sich zwei Personen namens *brkjhw* (1Chr 6,24; 15,17 bzw. 2Chr 28,12) und eine namens *brkjh* (1Chr 9,16; 15,23).[21]

Ausserhalb der Bibel ist *brkjhw* auf einigen weiteren Siegeln[22] und → Ostraka belegt.[23] Der Name findet sich auch auf einigen Dokumenten in akkadischer Sprache. Das gross angelegte Sammelwerk «Texte aus der Umwelt des Alten Testaments» (TUAT) bietet viele Dokumente aus dem Vorderen Orient, die in irgendeiner Weise für die Geschichte, Kultur und Literatur Israels bedeutsam sind. Dazu gehört auch eine Liste von «Personennamen von Israeliten oder Judäern, die sich in Assyrien aufhielten». Das kann im Rahmen des damals möglichen freien Personenverkehrs schon vor dem Exil der Fall gewesen sein; während der Exilszeit waren die Weggeführten nicht in Gefangenenlagern abgesperrt, und später machten längst nicht alle von der Möglichkeit der Rückkehr nach Israel Gebrauch: Es entstand die Jahrhunderte andauernde jüdische Diaspora in

---

[20] Neh 3,20 und 10,7 sowie 11,5; Davies 1991 Nr. 100.308, Abb. Bordreuil 1992, 96, Fig. 7; Jaroš 2001, Nr. 174.

[21] Weitere Träger dieser Namensform werden in 1Chr 3,20; Neh 3,4.30; 6,18 erwähnt.

[22] Herkunft gesichert (aus offiziellen Grabungen): aus Arad: HAE II/2, Nr. 2.26; aus Jerusalem: HAE II/2 Nr. 2.27 und 2.28; Herkunft unsicher: HAE II/2 Nr. 2.29; HAE II/2Nr. 2.31.

[23] Aus Arad: HAE I, 388; aus Tell 'Ira bzw. Chirbet el-Ġarra: HAE I, 251–252; Ostrakon unbekannter Herkunft mit Namenliste: Deutsch/Heltzer 1995, Nr. 77, Z. 4.

Mesopotamien. So verwundert es nicht, dass in Dokumenten dieses Landes Namen vorkommen, die aus der Bibel oder dem späteren Judentum bekannt sind. So finden wir neben *Berechja* und *Berechjahu* unter anderen auch *Abram, Abschalom, Elija, Netanja, Saul, Hoschea, Jesaja, Michaja.*[24]

Die mesopotamischen Sprachen rechnet man zum ostsemitischen Raum. Als Beispiel aus dem westsemitischen Bereich sei ein eindrückliches aramäisches Siegel unbekannter Herkunft vorgestellt. Es verbindet den Segensnamen des Besitzers, *brkj*, «gesegnet hat JHWH» (Gottesbezeichnung gekürzt), mit den Symbolbildern Sichelmond, Stern, und insbesondere mit der segnend erhobenen Hand:

Abb. 1: Segen in Name und Symbolen

Dieses Siegel ist ein bemerkenswertes Zeugnis dafür, dass – nach verbreiteter Auffassung im 7./6. Jahrhundert v. Chr. – im aramäischen Raum der menschengestaltige Mondgott Sin mit dem Segen JHWHs verbunden wird. Er steht neben

---

[24] R. Borger, Einige westsemitische Personennamen aus mesopotamischen Quellen, in: TUAT, Band I (Gütersloh 1985) 411–418 mit weiteren Literaturangaben, «Berechja(hu)» 415.

einem Stern auf der Mondsichel, wie in einem Boot.[25] Derselbe Name *brkj* findet sich noch auf einem Kalksteingewicht aus Nebi Rubin,[26] und ein weiteres eindrückliches Beispiel liegt im aramäischen Siegel des Baraka vor *(brk')*.[27] Die kürzeste Form, *brk*, ist nur ausserbiblisch auf zwei Ostraka aus Samarien belegt.[28]

2.2 SEGENSNAMEN MIT ANDEREN GOTTESBEZEICHNUNGEN

Analog zum Vertrauen in JHWHs Segen ist auch ein Ausdruck mit der Gottesbezeichnung «El» bezeugt. Diese ist in der Hebräischen Bibel entweder allgemeine Bezeichnung für «Gott» oder meint den mit JHWH gleichgesetzten, ursprünglich kanaanäischen Gott El.

Die Namensform *brk'l*, «El segnet», findet sich im biblischen Hiobbuch und auf ausserbiblischen Zeugnissen. Hi 32,2.6 erwähnt ausdrücklich den Vater von Hiobs Freund Elihu, «Barachel», «ein Geburtsname zum Ausdruck des Segens, der auf der Familie ruht».[29] Derselbe Name ist auch auf einigen Siegeln aus der unmittelbaren Nachbarschaft Israels bezeugt. Aus dem 6. oder 5. Jahrhundert stammt

---

[25] K. Galling, Beschriftete Bildsiegel des ersten Jahrtausends v. Chr., vornehmlich aus Syrien und Palästina: ZDPV 64 (1941) 121–202, Nr. 105; zum Motiv siehe O. Keel, Studien zu den Stempelsiegeln aus Palästina/Israel, Band IV: OBO 135 (1994) 172–173.

[26] HAE II/2. Nr. 70.1, 437.

[27] Siehe unten 6.2.

[28] Samaria-Ostrakon Nr. C 1101, Z. 1–2: HAE I, 137–138, und Nr. C 1220: HAE I, 142.

[29] H. Strauss, Hiob: BK XVI/2 (2000) 275, siehe auch Noth 1966, 35.183.

etwa ein Siegel aus der jordanischen Madaba-Ebene mit folgendem Text:

Gehört ʾilan, dem Sohn des *barakʾel.*[30]

Weitere Beispiele:

Gehört Barakel, dem Sohn des Elischama.[31]
Gehört dem *btš,* Sohn des *brkʾl.*[32]
Gehört dem Menachem, Sohn des *brkʾl.*[33]

In der Form *barik-ilu* ist der Name auch keilschriftlich in Mesopotamien bezeugt.[34] Wahrscheinlich ist auch die umgekehrte Form belegt: ein Siegel mit unvollständiger Inschrift, die wohl zu *ʾlbrk,* «El segnet/möge segnen» zu ergänzen ist, wird von U. Hübner eher aramäisch als ammonitisch eingeordnet.[35]

«Baʿal» («Herr, Besitzer») ist in Israels Nachbarkulturen eine sehr häufige Gottesbezeichnung mit lokalen Ausprägungen. Anders als El tritt Baʿal im Alten Testament in Konkurrenz zu JHWH. So ist das Wort – wie im Deutschen «Götze» – zum Sammelbegriff für den fremden Gott geworden. Dementsprechend wird in Israel Baʿal nie als Seg-

---

[30] J. Eggler/O. Keel/D. Ben-Tor, Corpus der Siegel-Amulette aus Jordanien, vom Neulithikum bis zur Perserzeit: OBO.A 25 (2006), Nr. 46.

[31] N. Avigad, Another Group of West-Semitic Seals from the Hecht-Collection: Michmanim 4 (1989) 7–21, dort 15, Nr. 16; Avigad/Sass 1997 Nr. 926, Hübner 1992, Nr. 69, 77.

[32] Ammonitisch, Avigad/Sass 1997 Nr. 863.

[33] Ammonitisch, Avigad/Sass 1997 Nr. 943; Hübner 1992, Nr. 95, 90.

[34] J. J. Stamm, Die akkadische Namengebung (1939, Nachdruck Darmstadt 1968) 52; evtl. auch «Barachel»; Borger (siehe Anmerkung 24) 415.

[35] Avigad/Sass 1997 Nr. 888, «probably Ammonite»; Hübner 1992, Nr. 26, 59.

nender genannt, im Unterschied etwa zu einem Siegel aus Aleppo in Syrien: «Siegel des *mnn*, (Sohn des) *brkb'l* [Baʿal segnet]».[36]

2.3 SEGENSNAMEN IN ANDEREN SEMITISCHEN KULTUREN

Bemerkenswerterweise sind Namen mit dem Element «Segen» auch anderswo verbreitet. Aus grosser Zahl seien einige aus dem heutigen Syrien und Irak herausgegriffen.

In Syrien begegnen, im touristisch sehr bekannten Palmyra, folgende Formen: *brk, brk', brkj, brjkj, brkjw* (→ *jw* ist die lokale Abkürzung für JHWH; hier also: «Jō segnet»), *bark, buraik, bārik, brjkw, bwlbrk* (*bwl* ist die lokale Form von Baʿal;[37] hier also: «Bōl segnet»), dazu in → hellenistischer Zeit in griechischen Lettern *barachos* und *barechos*.[38] In Dura Europos, bekannt durch Malereien in der Synagoge und in einer christlichen Hauskirche, finden sich *brkmr* («*mr* segnet»)[39] und in griechischen Lettern *barechdēlos, beelbarachos*.[40]

Hatra, zwischen Euphrat und Tigris im Norden des heutigen Irak gelegen, war vom 1. bis zur Mitte des 2. Jahr-

---

[36] Galling (siehe Anmerkung 25) Nr. 47; F. Vattioni, I sigilli, le monete e gli avori aramaici: Augustinianum 11 (1971) 47–69, Nr. 17.

[37] Eine ähnliche Bildung findet sich im Königsnamen «Belschazzar» im Danielbuch (Dan 5,1).

[38] βαραχος, βαρεχος: A. Negev, Personal Names in the Nabatean Realm: Qedem 32 (1991) 17, siehe auch Caquot (siehe Anmerkung 12) 246.

[39] *mr*, aramäisch für «Herr», ist bekannt vom liturgischen Gebetsruf «Maranata», «unser Herr, komm!», den Paulus in 1Kor 16,22 überliefert; siehe die Erläuterungen bei H. Conzelmann, Der erste Brief an die Korinther: KEK (Göttingen 1969) 360–361.

[40] βαρεχδηλος, βεελβαραχος, Caquot (siehe Anmerkung 12), 246.

hunderts n. Chr. die blühende Hauptstadt eines Kleinfürstentums im Partherreich, deren zahlreiche Ruinen zum Weltkulturerbe der UNESCO gehören. Unter vielen erhaltenen aramäischen Inschriften finden sich die Namen *bēlbrak* («Bel [Baʿal] segnet»), *brīk, brīkšay, šmešbrak* («Schmesch [der Sonnengott] segnet»).[41] Erwähnenswert ist, dass der letztgenannte Beleg zu einer häufig nach dem gleichen Muster vorkommenden Gedächtnisinschrift gehört, die jeweils mit der Formel beginnt: «Gedenken und Segen *(dkīr wabrīk)* werde dem N. N. zuteil».[42]

Schliesslich sei noch auf einige Namen in Karthago hingewiesen. Diese Stadt nahe dem heutigen Tunis wurde durch die von der Hafenstadt Tyrus ins westliche Mittelmeer ausfahrenden Phönizier gegründet, die ihre semitische Sprache, Kultur und Religion mitbrachten. Es handelt sich um die Namen *brk* und *brk'* sowie um die weibliche Form *brkt*, sodann um drei Namen, die sich auf segnende, wichtige Gottheiten beziehen: *brkmlk* (*mlk*, «König»), *brkmlqrt* (*mlqrt*, «König der Stadt», war der Stadtgott von Tyrus) und *brkb'l*, ferner (latinisiert) um *baricaa* und *bariha*.[43]

---

41   Beyer 1998, Liste 171, «Schmeschbrach»: Nr. 79,6.7; 80,2; 81,2.

42   Beyer 1998, 171 listet 8 Beispiele auf.

43   G. Halff, L'onomastique punique de Carthage: Karthago 12 (1963/ 64) 61–146, dort 103.

3. Begrüssung und Verabschiedung

Menschen begegnen sich unter dem Zeichen des Segens Gottes. Das ist seit biblischen Zeiten belegt und dürfte schon früher nicht anders gewesen sein. So finden sich Formeln des Segnens am Anfang und am Ende von Begegnungen zwischen Menschen, zur Begrüssung und Verabschiedung. Das wird etwa in Gen 47,7.10; 2Sam 19,40 erzählt und gilt für viele Menschen bis heute. Einige Untersuchungen finden wohl zu Recht in der Grusssituation den ursprünglichen Anlass, den sogenannten «Sitz im Leben» des Segenszuspruchs von Mensch zu Mensch.[44] Das bekräftigt die Feststellung, dass der ursprüngliche Ort des Segens im Alltag und nicht im Gottesdienst zu suchen ist.

Nun hinterlassen aber die meist mündlich erfolgten, alltäglichen Formen damaliger Begegnungen von Mensch zu Mensch kaum direkte Spuren. Heutige Bräuche können aufgrund von Beobachtungen und Befragungen beschrieben werden; vergangene haben sich nur in zufällig ausgegrabenen Zeugnissen schriftlicher Kommunikation – vor allem in Briefen oder ähnlichen Dokumenten – erhalten oder indirekt in Erzählungen über Begegnungen, die in der Bibel überliefert sind.

Noch in heutigem Brauchtum kann der Segen zu einem bewussten Gruss gehören. «Grüss (dich) Gott», oder schweizerdeutsch «Grüezi», bezieht Gott in die Begegnung mit ein und wünscht ursprünglich dem Grusspartner Gottes Segen. Dieser Hintergrund bleibt auch dann bestehen, wenn der Gottesbezug nicht ausdrücklich bewusst ist.

---

[44] Unter anderen Schottroff 1969, 195; Frettlöh 1998, 63 mit weiteren Literaturangaben.

Albert Hauser beschreibt in seinem Buch über Gruss- und Abschiedsformeln anschaulich, wie in der deutschsprachigen Schweiz frühere Grussformen Gott mit einbezogen, später aber, und zwar nicht erst heute, immer mehr verschwanden. Wenn ein Mensch im Mittelalter «dem andern im Gruss etwas freundliches wünscht, so weiss er, dass die Erfüllung seines Wunsches von Gott abhängt; so zeigen alle alten Grussformeln diese Wendung zu Gott».[45] 1979 zeigte eine grosse Untersuchung in der Schweiz, dass die religiösen Grussformeln auch auf dem Land fast ganz verschwunden waren. Aber ein Zürcher stellte in seiner Umfrageantwort fest, es sei wichtig, dass man sich bei einer Begegnung gegenseitig vorstelle: «Der Gruss ist ein Segenswunsch und keine Unterwürfigkeitsgeste von Untergebenen an Obere».[46] So kann auch heute der Segenszuspruch beim Grüssen bewusst Gott in eine Begegnung einbeziehen.

Auch der Abschied wurde in unseren Gegenden, vor allem in früherer Zeit, ausdrücklich dem Schutz Gottes anvertraut: «Behüte (dich) Gott». Bis heute lebendig geblieben ist aber die als typisch schweizerisch empfundene, in allen vier Sprachgebieten gebrauchte Formel «adie» (deutsch), «adia» (romantsch), «addio» (italienisch). Sie entspricht dem französischen «à Dieu» und erinnert – auch bei oberflächlichem Gebrauch – daran, dass man sein Gegenüber «Gott anvertrauen» will.[47] Ferner kann auch im englischen Abschiedsgruss «goodbye» der Wunsch «God be with you» anklingen oder gar dessen Ursprung sein.

[45] Hauser 1998, 11, Zitat aus einem Aufsatz von W. Bruckner.
[46] Ebenda 151.
[47] Ebenda 81–82.

Im Alten Testament wird von manchen Begegnungen berichtet, wo Menschen sich ohne direkten religiösen Anlass im Alltag mit einem Segenswunsch grüssen. Das gilt auch gegenüber einem Fremden:

In der Rut-Erzählung etwa kommt Boas aufs Feld zu den Schnittern und sagt ihnen: «JHWH sei mit euch!», und sie antworten ihm: «JHWH segne dich!» (Rut 2,4).

Josef stellte dem Pharao seinen Vater Jakob vor, und «Jakob segnete den Pharao» (Gen 47,7).

In der Erzählung von der Opferhandlung in Gilgal wird berichtet, wie dem König Saul beim Warten auf Samuel die Geduld ausgeht und er das Brandopfer darbringt, was eigentlich dem Priester vorbehalten war. Doch gleich danach kam Samuel, «und Saul ging hinaus, ihm entgegen, um ihn zu segnen» (1Sam 13,10).

Wie «gewöhnlich» der Segensgruss im Alltag gewesen ist, zeigt eine konfliktgeladene Begegnung in der Geschichte von David und dem reichen Schafzüchter Nabal und dessen Frau Abigajil: Ein Knecht berichtet seiner Herrin Abigajil, wie David Kontakt mit dem ihm noch unbekannten Nabal aufzunehmen versuchte: «Sieh, David hat Boten aus der Wüste gesandt, um unseren Herrn zu segnen, er aber hat sie angeschrien» (1Sam 25,14).

Nach dem in den Augen seiner Frau Michal unwürdigen Tanzen Davids «kehrte David zurück, um sein Haus zu segnen» (2Sam 6,20).

Nach dem Sieg Davids über den aramäischen Nachbarkönig Hadadeser schickt der – ebenfalls mit Hadadeser verfeindete – König von Hamat seinen Sohn zu David, «um ihn nach seinem Wohlergehen *(šālōm)* zu fragen und um ihn zu segnen» (2Sam 8,10; 1Chr 18,10).

Nach 2Kön 4,29 schickt Elischa seinen Diener Gechasi auf den Weg zum Knaben der Schunammitin: «Wenn du jemanden triffst, so grüsse/segne ihn nicht, und wenn jemand dich grüsst/segnet, so antworte ihm nicht», wohl um sich in seiner Eile nicht aufhalten zu lassen.[48]

Auffälligerweise handelt es sich in fast allen diesen Beispielen um heikle Begegnungen oder schwierige Situationen: Der Segensgruss soll eine neue Verbindung schaffen oder Risse kitten. Das gilt für die erwähnte Begegnung des Königssohnes von Hamat mit David und für diejenige zwischen Jehu und Jonadab (2Kön 10,15) und erst recht für die Szene von der Versöhnung mit Abschalom, wo der Königssohn Joab sich vor seinem Vater David niederwirft und ihn «segnet» (2Sam 14,22).

Diese Beobachtung wird bestätigt durch den Umstand, dass die hebräische Sprache noch einen zweiten Ausdruck für den Gruss kennt, der bei alltäglichen Begegnungen Verwendung findet: jemanden nach seinem *šālōm* fragen.[49] Dabei ist zu beachten, dass *šālōm* mehr umfasst als das deutsche «Friede»: Ganzheit, Heil, Wohlergehen – da ist alles richtig, gerecht, in Ordnung. Dieser Ausdruck ist auch in andern semitischen Sprachen verbreitet, als Gruss im modernen Hebräisch (Iwrit) geläufig und vom arabischen *salem (aleikum)* her bekannt.

So gehören beide Grussformen von jeher zum Alltag in der Welt der Bibel. Der Segensgruss findet sich aber besonders dann, wenn Gottes Segen für das Gelingen einer Begegnung bewusst zugesprochen werden soll.

---

[48] Wehmeier 1970, 156.
[49] Gen 43,27; Ex 18,7; Ri 18,15; 1Sam 10,4; 25,5; 30,21.

Nicht nur der Gruss am Anfang einer Begegnung wird unter Gottes Segen gestellt, sondern auch der Abschied. Einige Beispiele:

- In Gen 24,60 wird Rebekka für ihren Weg zu Isaak von ihrer Familie mit dem Segen verabschiedet.
- In der nächstfolgenden Generation segnet Isaak seinen Sohn Jakob für die Reise nach Mesopotamien (Gen 28,1–4).
- Laban verabschiedet sich von seinen Töchtern und Enkeln mit dem Segen (Gen 32,1).
- Der Priester Eli entlässt Hanna und Elkana mit dem Segenswunsch für weitere Kinder (1Sam 2,20).
- Dankbar und mit Segenswünschen entlässt David den alten Barsillai, der seine letzten Tage nicht am Königshof, sondern in seiner Heimatstadt verbringen will (2Sam 19,40).

Bei all diesen Beispielen handelt es sich nicht um alltägliche, sondern um besondere Abschiede. Der Segen soll die Menschen auf einem neuen Weg zu einem neuen Lebensabschnitt begleiten. Im weiteren Sinn ist dazu auch der Segen nach dem Tod zu rechnen, von dem später die Rede sein soll.

Ein besonderes, geradezu zwiespältiges Beispiel eines Abschiedssegens liegt in 2Sam 13,25 vor: Im Laufe der Intrigen unter den Davidssöhnen verabschiedet («segnet») David den Abschalom, worauf dieser die Gelegenheit ergreift, die Ermordung seines Bruders Amnon zu veranlassen, weil er ihre gemeinsame Schwester Tamar vergewaltigt hatte.

Man kann sich fragen, weshalb in fast all diesen Beispielen von schwierigen Situationen berichtet wird: Eine Begegnung benötigt von Anfang an Gottes Segen, oder ein Segen soll beim Abschied neue Wege eines Menschen prägen. Weshalb sind diese Beispiele bedeutungsvoller als ein alltäglicher Gruss und Abschied? Die Antwort dürfte darin zu finden sein, dass einerseits die Bibel kaum von alltäglichen, banalen Begegnungen mit Gruss und Abschied berichtet und dass andererseits (jedenfalls für den Gruss) eine einfachere Formulierung zur Verfügung steht. Immerhin kann für den Abschied auf das folgende Beispiel in einer gewöhnlicheren Situation hingewiesen werden: Nach dem Abschluss des grossen Festes zur Überführung der Lade nach Jerusalem «ging alles Volk, ein jeder in sein Haus, und David kehrte zurück, um sein Haus zu segnen» (1Chr 16,43). So werden im persönlichen Alltag Gruss und Abschied unter Gottes Segen gestellt.

Nach diesen biblischen Beispielen seien nun einige bemerkenswerte archäologische Funde vorgestellt.

4. Allgemeine Segenszusprüche

Worte hinterlassen bei persönlichen Begegnungen keine Spuren im Boden. Umso bedeutsamer sind die bekanntgewordenen Inschriften – sowohl aus kontrollierten wissenschaftlichen Grabungen als auch aus dem Antikenhandel –, auf denen sich überdurchschnittlich häufig einzelne Reste von Segenszusprüchen an eine einzelne Person finden: Der Zuspruch von Gottes Segen muss im Alltag des Alten Israel von recht grosser Bedeutung gewesen sein.

Zusätzlich zu seit längerem bekannten Funden hat Joseph Naveh, einer der erfahrensten israelischen Fachleute für Inschriften, im Jahre 2001 zehn weitere Steingraffiti aus dem Antikenhandel veröffentlicht, die aus der Gegend von Chirbet el-Qom stammen könnten. Fünf von ihnen enthalten die Segensbitte, gefolgt vom Anfangsbuchstaben eines Namens. Zwei nennen ausdrücklich JHWH als Segensspender:

Nr. 4: Gesegnet sei *[...j]hw* durch JHWH
Nr. 5: JHWH … gesegnet sei N[…]
Nr. 6: Gesegnet sei B[…]
Nr. 7: Gesegnet sei Z[…]
Nr. 8: Gesegnet sei J[…].[50]

Da die Fundumstände nicht bekannt sind, lässt sich nichts Sicheres über ihre ursprüngliche Funktion sagen. Immerhin lässt die Gravur in Stein darauf schliessen, dass die Graffiti auf lange Dauer angelegt waren, sodass man eher an Se-

---

[50]   J.Naveh, Hebrew Graffiti from the First Temple Period: IEJ 51 (2001) 194–207.

genswünsche auf Weihinschriften für Bauten oder für Verstorbene denken mag als beispielsweise an Briefe. Segensbitten auf Grabmälern sind im spätantiken Vorderen Orient weit verbreitet (z. B. Hatra, dazu siehe oben 2.3. und unten 10.5).

Auf zwei weitere dieser Graffiti sei deswegen hingewiesen, weil eines davon wohl das älteste ausserbiblische Zeugnis des Namens «JHWH Zebaoth» («Herr der Heerscharen») ist. Naveh datiert es ans Ende des 8. Jahrhunderts:[51]

Nr. 1: Verflucht sei *ḥagap*, Sohn des *ḥagab*, durch JHWH Zebaoth.

Auch das andere Beispiel ist eine Fluchformel im Namen JHWHs:

Nr. 2: Verflucht sei ʿ*opaj*, Sohn des *nətan[jahu]*, durch JHWH.

Über den Hintergrund und die genaue Funktion dieser beiden «Fluch-Graffiti» lässt sich kaum Genaueres sagen. Segens- und Fluchsprüche weisen zwar Parallelen auf und kommen zuweilen nebeneinander vor, jedoch kommt dem Segen eine eigenständige Bedeutung im Leben, besonders in der Beziehung zu Gott, zu. So kommt es nicht von ungefähr, dass die bekannteste Monographie zum israelitischen Fluchspruch (von Willy Schottroff) ein Kapitel zur Segensformel enthält, umgekehrt aber keine der drei umfangreichen Arbeiten zum Segen (von Magdalene L. Frettlöh, Dorothea Greiner und Martin Leuenberger) einen längeren Vergleich mit dem Fluch.

---

[51] Die beiden Texte bei Naveh (siehe Anmerkung 50), 198; siehe auch Keel 2007, 391; ferner Schottroff 1969; Frettlöh 1998; Greiner 1999; Leuenberger 2008a, 150.

5. Briefe und persönliche Mitteilungen

Im antiken Vorderen Orient waren Scherben von zu Bruch gegangenen Tongefässen das übliche Material für kurze Notizen, briefliche Mitteilungen oder Schreibübungen. Auf solchen «Ostraka» gibt es kurze Briefe, recht häufig auch Dokumente aus der Wirtschaft (wie Quittungen oder Lieferscheine) und Übungsbeispiele von Schülerinnen oder Schülern. Halten wir uns dabei vor Augen: Längst nicht alle Leute konnten schreiben. Briefe waren etwas Spezielles und auch anspruchsvoller als das Notieren eines Lieferscheines. Dass sich in einigen solchen Briefen (oder Brieffragmenten) Einleitungen mit einem Segenswunsch finden, zeigt, wie man gerade die auf brieflichem Weg geführte Kommunikation in Beziehung mit Gott gebracht hat.

Was für diese Funde aus dem profanen Alltagsleben Israels zur alttestamentlichen Zeit gilt, gehört erst recht zu Briefen mit religiösem Inhalt in neutestamentlicher Zeit: In der Regel gehören an den Anfang und an den Schluss segnende Grüsse in geprägten Formulierungen.[52]

5.1 BRIEF AUS ARAD

Solche Formulierungen findet man auch in einigen Brieffragmenten aus Arad, einer Stadt 30 km von Beerseba im östlichen Negev, wo man bei Ausgrabungen ungewöhnlich viele Dokumente aus unterschiedlichen Schichten und damit aus verschiedenen Zeiten gefunden hat. Ein Brief auf einem Ostrakon stammt vom Ende des 8. Jahrhunderts. Der judäische König Chiskija hatte sich mit dem assyri-

---

[52] Siehe etwa Röm 1,7 und 16,20; 2Kor 1,3 und 13,13.

schen König Sanherib auseinanderzusetzen, was sich unter anderem im Buch Jesaja widerspiegelt. Gleichzeitig operierten die feindlich-brüderlichen Edomiter im Süden. Davon handelt der Brief von Gemarjahu und Nehemjahu an Malkijahu, den Kommandanten der Garnison Arad. Er beginnt folgendermassen:

> Eure Söhne *gəmarjāhū* und *nəḥemjāhū* senden hiermit Grüsse an
> *malkījāhū*: Ich segne dich durch JHWH. Und nun …[53]

Es folgt der Briefinhalt mit einer Klage des Schreibers über «das Böse, das Edom getan hat.»

5.2 NOCH ZWEI BRIEFE AUS ARAD

Auch die nächsten beiden Beispiele stammen aus Arad[54] und zeigen, wie die Segensformel am Briefanfang über die Zeiten konstant bleibt, denn sie sind etwa 100 Jahre jünger (vom Anfang des 6. Jahrhunderts):

> Dein Bruder *ḥananjāhū* sendet hiermit Grüsse
> an *ʾeljāšīb* und Grüsse an dein Haus. Ich seg-
> ne dich durch JHWH. Und nun: Als ich wegging
> aus Deinem Haus, da sandte ich das
> Silber, acht Schekel, an die Söhne *gəʾaljāhūs*
> durch *ʿazarjāhū* und das …

Nicht selten sind solche Notizen auf Tonscherben wirtschaftlichen Inhalts. Hier handelt es sich um eine Art Lie-

---

53 Ostrakon 40: HAE I, 145–148.
54 Ostrakon 16: HAE I, 379–380 und Ostrakon 21: HAE I, 386–387.

ferschein für eine Zahlung von acht Schekel Silber. «Schekel» ist ursprünglich eine Gewichtseinheit, die dann zur Geldeinheit und schliesslich zur Bezeichnung einer Münze geworden ist; sie kommt in der Hebräischen Bibel häufig vor und wird auf Inschriften häufig mit dem Buchstaben «Schin» abgekürzt.[55]

Dieses Beispiel zeigt somit eindrücklich, wie ein Dokument mit einem derart profanen Inhalt nicht nur mit einem Gruss, sondern auch mit einer Segensformel eröffnet wird.

> Dein Sohn *jehūkal* sendet
> Grüsse *(šālōm)* an *gədaljāhū,* [Sohn des]
> *'eljā'īr,* und Grüsse an dein Haus (deine Familie). Ich
> segne dich durch JH-
> WH. Und nun …

Hier ist der nachfolgende Inhalt nicht mehr rekonstruierbar, eventuell wird noch Edom genannt, gefolgt von der Schwurformel «So wahr JHWH lebt».

5.3 KUNTILLET ADSCHRUD

Einige besonders wichtige und typische Dokumente hat man in den Jahren 1975 und 1976 in Kuntillet Adschrud gefunden. Der Ort an der Strasse von Gaza nach Eilat, 50 km südlich von Kadesch Barnea, war im 9. und 8. Jahrhundert v. Chr. wahrscheinlich eine Karawanserei, gewissermassen eine «Autobahnraststätte der Antike»; jedenfalls lässt die gefundene Baustruktur nicht auf ein Heiligtum

---

[55] Erläuterungen und Belege in HAE II/1, 47–48 und H. Weippert, Art. Gewicht, BRL (1977) 91–94; bekanntlich lebt «Schekel» als Bezeichnung für die Währung im heutigen Staat Israel weiter.

schliessen. Umso mehr fällt der religiöse Charakter einiger der gefundenen Texte mit der Nennung mehrerer Namen von Gottheiten auf: JHWH, JHWH von Samaria, JHWH von Teman, Aschera und Baʿal. Die Unterscheidung von lokalen Ausprägungen JHWHs und vor allem die Charakterisierung der bekannten Göttin Aschera als Partnerin JHWHs hat viel Staub aufgewirbelt und Stoff zur Diskussion über einen möglichen Polytheismus und über die Geschichte des israelitischen JHWH-Monotheismus geliefert. Diese Diskussion ist bis heute nicht abgeschlossen und wird wohl immer kontrovers bleiben. Zu bedenken ist immerhin, dass in Israel der im Alten Testament bezeugte Kampf für die Alleinverehrung JHWHs seit den frühen Schriftpropheten offenbar nötig gewesen ist. Die Funde bestätigen die real existierende Verehrung mehrerer Gottheiten im Volk und hätten keine Überraschung bereiten müssen.

Umstritten in der Monotheismusdebatte ist insbesondere die Frage, wohin und wie weit zurück die Wurzeln des Anspruchs reichen, JHWH allein zu verehren, und welches Gewicht daneben die Rolle anderer Gottheiten gehabt hat. Für die damalige Situation in Kuntillet Adschrud kann man auch noch darauf hinweisen, dass in einer solchen Karawanserei mit «internationalem» Handelsverkehr auch Angehörige anderer Völker und Religionen abgestiegen sind und dabei Spuren ihrer Gottesbeziehung hinterlassen haben.

Hier folgen vorerst zwei Dokumente mit Briefcharakter, bevor unten (siehe Kapitel 8) noch der Bericht aus Kuntillet Adschrud über eine Gotteserscheinung vorgestellt wird, in der JHWH mit den Worten eines Psalms gelobt wird.

Die eine Scherbe gehörte zu einem Topf und ist unter der Bezeichnung «Krug A» bekannt. Darauf fällt zunächst eine eigenwillige Zeichnung auf, links oben durchschnitten von einer verhältnismässig kurzen Inschrift:

Abb. 2: Schutz durch göttlichen Segen

Gesagt hat K[ön]ig A[šj]o: Sprich zu Jehal[…] und zu
    Jo'asa und zu […]: Ich segne euch
durch JHWH von Samaria und durch seine Aschera.[56]

Die Zeichnung stellt einen Leierspieler und zwei ägyptische
→ Bes-Gottheiten dar. Umstritten ist die Frage nach dem
Zusammenhang zwischen Bild und Inschrift. Dass die
Schrift teilweise über das Bild hinweg angebracht ist, führt
zum Schluss, dass nicht eine bewusst gestaltete Gesamt-
komposition vorliegt. Jedoch verbindet das Grundmotiv
göttlicher Segenskraft den Schutzgottcharakter der Bes-
Figuren und den Segenszuspruch in der Briefeinleitung.[57]

---

[56] Nach Leuenberger 2008a, 119; siehe auch HAE I, 61. Die vieldisku-
tierte Frage, ob Aschera die Göttin als Person oder ihren hölzernen
Kultpfahl meine, ist wohl im ersteren Sinn zu entscheiden, siehe z.B.
Leuenberger 2008a, 121.
[57] So mit Leuenberger 2008a, 133; für stärkere Trennung von Bild und
Text hat sich etwa P. Beck, The Drawings from Horvat Teiman (Kuntillet 'Ajrud): Tel Aviv 9 (1982) 3–68 ausgesprochen.

Der Text ist eindeutig der Anfang eines Briefes. Neben der Nennung von Aschera ist bemerkenswert, dass JHWH in Samaria lokalisiert wird,[58] wo er speziell verehrt zu werden scheint.[59] Von ihm – und von der offenbar mit ihm irgendwie in Verbindung stehenden Aschera – geht die Segenskraft aus. Der Umstand, dass dieser Einleitung kein Inhalt eines Briefes folgt, und die eigenartige Überschneidung mit dem Bild haben zur Vermutung geführt, hier habe ein Schüler geübt, wie man einen Brief zu beginnen hat. Unabhängig von der Stichhaltigkeit dieser Vermutung[60] sind die zwei Zeilen auf dem Krug ein sehr frühes Zeugnis für den alltäglichen Gebrauch der Segensformel und ihre allgemeine Vertrautheit: Der Schreiber spricht den drei erwähnten Personen den Segen «JWHWs von Samaria und seiner Aschera» zu.

Die andere, gleichaltrige Scherbe stammt aus derselben Ausgrabung. Sie ist besser erhalten, obwohl sie aus einigen Bruchstücken zusammengesetzt ist:

---

[58]   Nach früheren Zweifeln ist diese Deutung heute weitgehend anerkannt, siehe Leuenberger 2008a, 121.

[59]   Es ist aber auch darauf hinzuweisen, dass das Alte Testament selbst einen Aschera-Kult in Samaria erwähnt (1Kön 16,32–33; 2Kön 13,6).

[60]   Zum Beispiel A. Lemaire, Les écoles et la formation de la bible dans l'ancien Israël: OBO 39 (1981) 28; die unvollkommene grafische Gestaltung kann allerdings auch anders begründet sein.

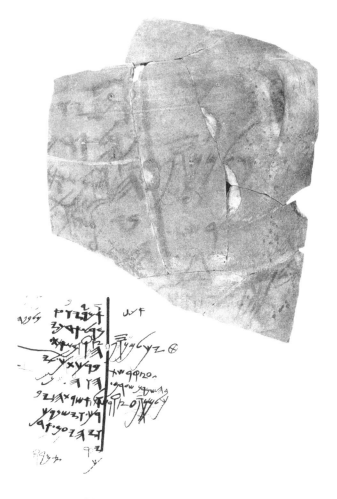

Abb. 3: JHWH segne und behüte dich!

Die Zeichnung zeigt – gemäss einer neuen und genaueren Lesung – schwach, aber deutlich den Schriftzug «JHWH *tmn*» (links am Ende der 4. Zeile *j* und in der 5. Zeile *hwh tmn*).

ʾamarjau:

Sprich zu meinem Herrn:
Bist du *šālōm* (d. h. geht es dir gut)?
Ich segne dich durch J-
HWH von Teman
und durch seine Aschera. Er segne dich und behüte dich
und sei mit meinem Herrn.[61]

So lautet der Text auf der Scherbe links vom Trennungsstrich. Es ist die bekannte Briefeinleitung in erweiterter Form: Zunächst erkundigt sich der Schreiber nach dem Wohlergehen des Empfängers und segnet ihn «durch JHWH», der hier in Teman, einem nicht genau bestimmbaren Ort im Süden, lokalisiert wird.[62] Auch hier wird Aschera neben JHWH genannt. Der Segenszuspruch «er segne dich und behüte dich» stimmt wörtlich mit Num 6,24 überein. «Segnen und behüten» nebeneinander findet sich nur selten, im Alten Testament etwa noch in Gen 28,14–15 (siehe auch unten 5.4; 5.6.2; 7.2).

Der Zusammenhang dieser Briefeinleitung mit dem Text auf der rechten Seite hat bisher keine überzeugende Deutung gefunden. Man pflegt die rechte Seite als nachfolgend zu lesenden Inhalt zu sehen, obwohl das der üblichen Ausrichtung von Schreibkolumnen im Hebräischen widerspricht; so

---

[61] So nach Keel 2007, 201.

[62] Siehe Keel 2007, 201; zur begrüssenden Frage nach dem Wohlergehen siehe oben 3.1 und unten 5.3; auf demselben Krug befindet sich eine weitere Inschrift über einem Bild von Verehrer/-innen. Es dürfte auch eine Briefeinleitung sein mit der Nennung «JHWHs von Teman und seiner Aschera»; der Anfang ist wohl zum eigentlichen Segenszuspruch zu ergänzen, im Weiteren ist aber die Lesung und Deutung nicht klar gesichert, siehe zuletzt Leuenberger 2008a, 125–126.

zählt man die Zeilen rechts als 11 bis 14. Die Zeilen 11, 12 und 14 enthalten längere Buchstabenreihen in alphabetischer Reihenfolge, Zeile 13 enthält zweimal eine Konsonantenfolge, die als «Gerste» oder «Tore» gedeutet werden kann. Das führte zur Vermutung, das Ganze könne ein Lieferschein für Gerste sein, wobei die alphabetischen Reihen zum Aufzählen von Mengeneinheiten gedient hätten.

Nun wurde kürzlich eine fast vergessen gegangene Hypothese zur Deutung herangezogen, wonach derartige Alphabetreihen eine magische Funktion hatten. Dazu könnte man erwägen, das zweimal vorkommende Wort in Zeile 13 als «Tore» zu deuten, weil den Stadttoren auch magische Schutzwirkung zugeschrieben wurde.[63] Segensformeln finden sich zwar auch auf → Amuletten, jedoch nicht in der Form einer Briefeinleitung, und diese Scherbe hat nicht die Form eines Amuletts. Deshalb kann auch die Hypothese einer magischen Alphabetreihe nicht wirklich überzeugen – und es bleibt die am meisten verbreitete Annahme, es liege eine Schülerübung vor, bei der die beiden Seiten keine sachliche Einheit bilden. Lernende üben das Schreiben anhand der üblichen Einleitung eines Briefes mit der Segensformel: ein bezeichnendes Zeugnis für den alltäglichen Gebrauch des Segenszuspruchs.

---

[63] Siehe D. Ben-Ami/Y. Tchekhanovets, A Greek Abecedary Fragment from the City of David: PEQ 140 (2008) 195–202, welche auf F. Dornseiff, Das Alphabet in Mystik und Magie (Leipzig 1922, 2. Aufl. 1925) zurückverweisen; weitere Hinweise auf eine magische Funktion von Alphabetreihen z. B. bei R. Hachlili/A. Killebrew, Jewish Funerary Customs during the Second Temple Period, in the Light of the Excavations at the Jericho Necropolis: PEQ 115 (1983) 109–132, dort 128 und L. Y. Rahmani, Some Remarks on R. Hachlili's and A. Killebrew's «Jewish Funerary Customs»: PEQ 118 (1986) 96–100, dort 97; zur magischen Funktion von Stadttoren: E. Otto, Art. שַׁעַר (šaʿar): ThWAT VIII (1995) 358–403, 392. Für eine Schülerübung votiert zuletzt Leuenberger 2008a.

5.4 Lachisch

Dieselbe erweiterte Formulierung «segnen und behüten» *(brk wšmr)* liegt gemäss Gabriel Barkay nochmals in einem nur sehr bruchstückhaft erhaltenen, in die zweite Hälfte des 7. Jahrhunderts v. Chr. datierten Ostrakon aus Lachisch vor:[64]

Es segne dich JHWH / und behüte dich …

So dürfte wohl auch dies die Einleitung eines Briefes sein.[65]

5.5 Klage einer Witwe

Ein sehr schönes Beispiel für die Segensformel am Anfang eines Briefes findet sich auf einem Ostrakon unbekannter Herkunft, das 1996 aus der Sammlung des in London lebenden Sammlers Shlomo Moussaieff veröffentlicht wurde; es wird aufgrund der Buchstabenformen von den einen auf etwa 800, von den andern auf das 7. Jahrhundert angesetzt. Inhaltlich geht es darin um eine Witwe, die befürchtet, um das Erbe geprellt zu werden, das ihr vom eben verstorbenen Gatten versprochen worden war; sie wehrt sich – bemerkenswert für eine Frau unter den damaligen gesellschaftlichen Verhältnissen – beim offenbar zuständigen Höhergestellten, den sie «mein Herr» nennt, für ihr Recht:

---

[64] In der neuhebräisch geschriebenen Bearbeitung in der Zeitschrift Cathedra 52 (1989), 37–76, zitiert in HAE I, 314.

[65] Anders HAE I, 314, wo J. Renz das Ganze als Namenliste deutet: «2 [… So]hn des *jəberek[jāhū]* 3 [… Sohn des *jə]hōjā[qīm]*», Diskussion ebd.

Es segne dich JHWH in Frieden. Und nun, es höre mein Herr, der Vorsteher, deine Magd: Gestorben ist
mein Gatte, ohne Söhne. Und deine Hand sei
mit mir; und mögest du geben in die Hand deiner Magd
    das
Erbe, das du versprochen hast dem Amas-
ja. Und das Weizenfeld, d-
as in Naʿamah ist, hast du seinem Bruder gegeben.

Abb. 4: Eine Witwe reklamiert ihr Erbe[66]

---

[66] Die Echtheit ist nicht ganz sicher, aber doch wahrscheinlich, siehe
Leuenberger 2008a, 154 mit weiteren Literaturangaben.

Die Formulierung «Es segne dich JHWH in Frieden» findet sich übrigens genau so weder in der Bibel noch in den bisher bekannten Inschriften.

5.6 ZWEI BEISPIELE AUS DER NACHBARSCHAFT ISRAELS

Als Zeugnisse dafür, dass die «Segenskultur» die örtlichen und zeitlichen Grenzen des biblischen Gottesvolkes überschritten hat,[67] dienen zwei Briefanfänge aus dem Gebiet der Edomiter bzw. aus dem vorisraelitischen Kanaan.

5.6.1 Edom

Ein Ostrakon aus dem von Edomitern bewohnten Ḥorvat ʿUza im östlichen Negev datiert vom Ende des 7. oder Anfang des 6. Jahrhunderts v. Chr. und beginnt wie folgt:

Sprich zum König, sprich zum *blbl*:
Geht es dir gut und habe ich dich gesegnet
durch Qaus? Und nun: gib das Getreide …[68]

Qaus (oder Qos) ist der Gott der Edomiter, bekannt aus vielen inschriftlichen Bezeugungen und Eigennamen; in Esra 2,53 und Neh 7,55 werden die Söhne des Tempelsklaven Barkos (*bar-qos*, «Sohn des Qos») erwähnt.

Auffällig ist die Formulierung in der zweiten Zeile: Die Form des Verbes «segnen», in der Ich-Form und mit angehängtem Pronomen «dich» *(brktk)*, ist vorne mit dem Buch-

---

[67] Siehe oben 1.4.
[68] Nach I. Beit-Arieh/B. Cresson, An Edomitic Ostracon from Horvat ʿUza: Tel Aviv 12 (1985) 96–101; siehe auch W. Zwickel, Das «edomitische» Ostrakon aus Hirbet Gazze (Ḥorvat ʿUza): BN 41 (1988) 36–40.

staben *h* ergänzt. Dieses *h* macht entweder aus der Aussage eine Frage oder gibt dem Verb die verstärkte Bedeutungs-form «Segen bewirken». Allerdings ist eine «Kausativ-Stammform» *hbrk* sonst weder im Alten Testament noch in Inschriften bezeugt. Deshalb halte ich diese Deutung für unwahrscheinlich. Da sich ferner unmittelbar davor, ähn-lich wie auf dem Krug B von Kuntillet Adschrud, die Frage nach dem Ergehen findet, verstehe ich auch die zweite Zei-le als Frage: Habe ich dich gesegnet, hast du meine – of-fenbar bei früherer Gelegenheit übertragene – Segenshand-lung gespürt, fühlst du dich dadurch bestärkt? Darin zeigt sich die Gewissheit, dass der durch den lokalen Gott ge-spendete Segen Wohlergehen bewirkt. Dass der darauf fol-gende Briefinhalt vom Umgang mit Getreide handelt, also ganz alltäglich-profan ist, verdeutlicht, wie auch Mitteilun-gen, die weder einen besonderen Tiefgang noch eine reli-giöse Prägung aufweisen, mit einem Segenszuspruch einge-leitet werden können.

5.6.2 Ein vorisraelitischer Brief aus Aphek

Aphek (Jos 12,18), das spätere Antipatris (Apg 23,31) – gele-gen an der Quelle des Saronflusses nahe bei Jaffa an der wichtigen Nord-Süd-Handelsstrasse –, war seit dem dritten Jahrtausend v. Chr. eine bedeutende Siedlung.[69] Im Palast des ägyptischen Gouverneurs dieser kanaanäischen Königsstadt, die unter ägyptischer Herrschaft stand, wurden 1978 im Rahmen einer breiten Ausgrabungstätigkeit aufschlussreiche Schriftdokumente aus der Spätzeit des Pharao Ramses II. ge-funden, darunter eine Keilschrifttafel. Die darin enthaltenen

---

[69] M. Kochavi, The History and Archeology of Aphek-Antipatris: BA 44 (1981) 75–86.

Namen, die auch aus anderen Dokumenten bekannt sind, erlauben eine recht genaue Datierung des in akkadischer Sprache geschriebenen Briefes auf etwa 1230 v. Chr.

Verfasst wurde der vollständig erhalten gebliebene Brief in der nordkanaanäischen Hafenstadt Ugarit, die durch ertragreiche Ausgrabungen bedeutsam geworden war. Absender des Schreibens ist Taguḫlina, Statthalter in Ugarit; Adressat ist Ḫaya, in dessen Palasttrümmern das Dokument gefunden wurde. Ḫaya war Vizekönig von Pharao Ramses II. für Kanaan und dürfte in Aphek residiert haben. Taguḫlina bittet Ḫaya um die Einlösung eines Versprechens im Zusammenhang mit Weizen, den Taguḫlina nach Jaffa geliefert hat. Nach der Adresse und den Angaben über den Absender mit dem Sprechauftrag an den Boten folgt eine Einleitung, die – anders als andere bekannte Briefe aus Ugarit – drei Elemente umfasst: Ergebenheitsbezeugung, (Friedens-)Gruss und den göttlichen Segen:

> An meinen Vater, meinen Herrn.
> Grüsse. Mögen die Götter des grossen Königs, eures
>   Herrn,
> und die Götter des Landes von Ugarit
> dich segnen
> (und) bewahren.»[70]

---

[70] Text, engl. Übersetzung und Kommentar: D. I. Owen, An Akkadian Letter from Ugarit at Tel Aphek: Tel Aviv 8 (1981) 1–17; Pl. 1–2, hier 7–8, Photos: Tafeln 1 u. 2; W. Horowitz/O. Takayoshi, Cuneiform in Canaan. Cuneiform Sources from the Land of Israel in Ancient Times (Jerusalem 2006) 35–38, Photo 224 (Zitat Zeilen 8–12); zu Geschichte, Umständen und Inhalt Kochavi (siehe Anmerkung 69), 80, ausführlicher I. Singer, Takuḫlinu and Ḫaya: two Governors in the Ugarit Letter from Tel Aphek: Tel Aviv 10 (1983) 3–25.

Diese fünf Zeilen bilden einen Abschnitt, der optisch durch Striche abgegrenzt ist. Die Formel, die den göttlichen Segen heranruft, ist aussergewöhnlich reichhaltig. Wie oben (5.3.) erwähnt, findet sich die vom aaronitischen Segen her bekannte Kombination «segnen und behüten» nur selten. Itamar Singer vermutet, dass dies mit der Dringlichkeit der erwähnten grossen Getreidelieferung – zur Linderung einer auch anderweitig bekannten grossen Hungersnot im Norden – zusammenhängen mag.

Auch wenn diese ausführliche Formel in Ugarit offenbar nicht die Regel für Briefanfänge war,[71] so ist dieser Brief doch ein bemerkenswertes Zeugnis für die kulturübergreifende Konstanz von Segensformeln im Umfeld der Bibel.

---

[71] Die geläufige Grussformel lautete in der ugaritischen Briefliteratur etwas anders, nämlich: «mögen die Götter dich behüten und unversehrt bewahren», siehe z. B. den Hinweis von B. Hartmann, Mögen die Götter dich behüten und unversehrt bewahren: Hebräische Wortforschung: Festschrift W. Baumgartner: VT.S XVI (1967) 102–105, auf C. F.-A. Schaeffer (Hg.), Le Palais Royal d'Ugarit V (Paris 1965), Text Nr. 9, Z. 3–4 (16) oder Nr. 59, Z. 4–5 (81). Das ist zwar einem ausdrücklichen Segenswunsch recht nahe, entspricht ihm aber nicht genau. Insbesondere fehlt darin das im Ugaritischen sonst durchaus belegte Wort *brk*, «segnen».

6. Siegel

Die Gültigkeit von Begegnungen und die Richtigkeit von Handlungen zwischen Menschen wurden in der Antike auch im Vorderen Orient durch → Siegel mit dem Namen des Eigners bestätigt. Einige der gefundenen Siegel tragen zwar Namen, die mit Personen aus der Bibel identifiziert werden können, doch die bis vor kurzem unbestrittene Echtheit kann nicht mehr für alle als absolut gesichert gelten; man kann also die Objekte nicht ohne weiteres als Nachweis für die Historizität der betreffenden Personen betrachten.[72]

6.1 BEISPIELE MIT MOTIVEN DES SCHUTZES

Während der Siegelabdruck des Achas (König von Juda, 741–725) ein reines Textsiegel ist,[73] zeigt das Siegel seines in der Bibel nicht genannten Ministers Uschna[74] über dem Text eine bekrönte, geschützte Sonnenscheibe. Das Siegel seines Sohnes Chiskija (König von Juda, 725–697) enthält noch deutlicher Motive aus Ägypten: die geflügelte Sonnenscheibe als schützende Himmelsmacht und an der Seite zweimal das Lebenszeichen «Anch» (☥).[75] Von Chiskija und seinen Ministern gibt es einige weitere Siegelabdrucke un-

---

[72]   Siehe dazu im Einzelnen C. Uehlinger (siehe Anmerkung 19), 94–97.

[73]   «(Gehört) dem Achas, (Sohn des) Jehotam, König von Juda» (HAE II/2 Nr. 1.33 = Keel 2007, 385, mit Abb.; Echtheit nicht ganz sicher).

[74]   «(Gehört) dem Uschna, Minister des Achas» (HAE II/2 Nr. 1.151 = Keel 2007, 384, mit Abb.).

[75]   «(Gehört) dem Chiskija, (Sohn von) Achas, König von Juda» (HAE II/2, 211, Nr. 8.19, Abb. Deutsch 2002, 42). Zum Motiv der geflügelten Sonnenscheibe in der Ikonographie siehe Keel/Uehlinger 2001, 315; R. Deutsch 2002, 50–51; Keel 2007, § 435.

bekannter Herkunft.[76] Das ägyptische Lebenszeichen und das Symbol der geflügelten Sonnenscheibe sollen auch eine Schutzwirkung haben, entsprechen aber nicht genau einem zugesprochenen oder zugeschriebenen Segen.

Besonders eindrücklich ist das Siegel mit dem Bild seines Eigners ʿabdī,[77] Minister des Hoschea, des letzten Königs im Nordreich Israel (732–722):

Abb. 5: Segen vom Minister des Königs
von links: Strichzeichnung/Abdruck/Siegel

ʿabdī, Minister Hoscheas

Unter dem Bild des ʿabdī finden sich die geflügelte Sonnenscheibe, sein Name und seine Funktionsbezeichnung «Minister», die aus der gleichen Wurzel gebildet ist wie sein Name.[78] Zur Ministerrolle des ʿabdī passen das Papyrusszepter

---

[76] Zum Beispiel HAE II/2 Nr. 8.19 = Keel 2007, 419 mit Abb.; Liste mit Literaturhinweisen: Deutsch 2000, 18–19.

[77] HAE II/2, Nr. 16.4.

[78] Bekannt ist ʿbd vom Ausdruck «Knecht Gottes» in prophetischen Verheissungen. Üblicherweise wird das Wort denn auch mit «Diener» oder «Knecht» übersetzt; ʿbd war aber schon immer ein Ehrentitel, der an altorientalischen Höfen hohen Beamten, «Ministern», zukam. Auf

(→ Papyrus) in seiner linken Hand und die erhobene Rechte. Diese kann Geste des Segnens oder der Anbetung sein. Das ist kein striktes «Entweder-oder»; bekanntlich wird das hebräische Wort *brk* auch vom Menschen gegenüber Gott verwendet (vgl. beispielsweise Ps 103,2).[79]

Siegel hatten die Funktion, eine menschliche Kommunikation zu beglaubigen. Das konnte sich, etwa bei einem Brief wirtschaftlichen Inhalts, auf eine alltäglich-irdische Ebene beschränken. Von da aus ist jedoch die Grenze zu einer stärkeren Wirkmacht fliessend: Dem Siegel wohnte eine segnende Kraft des Guten gegenüber dem Einfluss von Bösem inne. So konnte man Siegeln auch zwischen Menschen eine Wirkkraft zutrauen. Diese Vorstellung steht hinter der Bildsprache in Hld 8,6 oder auch Spr 3,3.

Das Motiv der erhobenen Hand ist in der Kultur- und Kunstgeschichte der Menschheit weit verbreitet.[80] Es ist auch sehr häufig auf andern Siegeln zu finden. Solche Siegel sind lebendige Zeugen für den Segen im Alltag der Israeliten. Das zeigt sich schon auf älteren, unbeschriebenen Siegeln:

---

dieselbe Wurzel lässt sich auch der Name des Propheten Obadja zurückführen.

[79] Siehe dazu auch Frettlöh 1996.

[80] Siehe etwa die breite Darstellung in H. Demisch, Erhobene Hände. Geschichte einer Gebärde in der bildenden Kunst (Stuttgart 1984).

Abb. 6: Segen vom Himmel(sgott) fördert Leben
Keel/Uehlinger (2001) 347

Beide Siegel – sie stammen aus Akko und gehören ins
7. Jahrhundert v. Chr. – zeigen eine menschliche Figur mit
segnender Geste, das linke einen Stern und die Mondsichel.
Verehrt wird also eine Himmelsgottheit, und dazu gehört
wieder das ägyptische Lebenszeichen «Anch».

Ähnlich verhält es sich bei diesem Rollsiegel: Eine segnende Gestalt sitzt vor einem Strauss, der als Lebensvogel
gilt, darüber ist die Mondsichel dargestellt. Es stammt aus
Arad und wird in die 2. Hälfte des 8. Jahrhundert datiert:

Abb. 7: Segenssymbole des Lebens
M. Aharoni: IEJ 46 (1996) 53

6.2 BARUCH UND BARAKA

Von Baruch, dem Schreiber des Propheten Jeremia, sind zwei gut lesbare Siegelabdrücke bekannt (vgl. oben 2.1). Baruch und das eigene Siegel des Propheten, das archäologisch bisher nicht bezeugt ist, spielen in Jeremia 32 und 36 eine wichtige Rolle.

Abb. 8: Jeremias Schreiber Baruch
Avigad/Sass (1997) Nr. 417

(Gehört) dem Berekjahu/Baruch,
Sohn des Nerijahu,
dem Schreiber.

Ein Beispiel für ein Siegel mit Bild und Namen ist das aramäische Siegel des Baraka (vgl. oben 2.1), das aus dem 8. Jahrhundert stammt. Darauf findet sich in der Mitte eine Palme – flankiert von zwei knienden Männern mit langem Haar und ägyptischen Doppelkronen – mit dem Lebenssymbol der Uräusschlangen. Diese aus Ägypten stammende Kombination von Motiven des Segens soll Leben fördern und Übel abwehren. So passt das Siegel wie ein «Familienwappen» zu Barakas Segensnamen.

Abb. 9: Barakas «Familienwappen»

Überhaupt finden sich Lebenssymbole – etwa der Lebensbaum oder weibliche Fruchtbarkeitssymbole – sehr häufig auf Siegelbildern und auch auf andern Abbildungen. Damit möchte ich jedoch bewusst zurückhaltend umgehen und nicht jedes Lebens- und Fruchtbarkeitssymbol als Segenszeugnis deuten. Segen ist die Begegnung mit einem Du, die im Auftrag und vor dem Angesicht Gottes erfolgt; dazu gehört das Wort und wohl auch die segnende Gebärde (in der Regel die erhobene Hand).

6.3 *brk* ALS TEIL EINES VERBALSATZES

Man kennt bisher einige wenige Siegel, in denen die Wurzel *brk* von den meisten Forschern wohl zu Recht nicht als Namenselement, sondern als Verb «segnen» verstanden wird. Die meisten dieser Siegel stammen zwar aus den Nachbarkulturen Israels und beschwören den Segen der jeweiligen Gottheiten herauf. Da jedoch «Segen» und «Segnen» interreligiöses und interkulturelles Allgemeingut im damaligen Vorderen Orient ist, seien sie dennoch erwähnt.

Ein Siegel bezieht sich auf eine gewisse Göttin namens ʿasiti und weist diese der Stadt Sidon zu. Daraus schliesst man, dass das Siegel nicht direkt aus Sidon stammen kann; möglicherweise hat es seinen Ursprung im benachbarten Tyrus:

> [Gehört dem …, Sohn des] Abinadab, der gebetet hat
> zu ʿasiti von Sidon; möge sie ihn segnen.[81]

ʿasiti ist wohl eine Variante der weitherum verbreiteten und auch in Sidon bezeugten Göttin Aschtarte. Bei der kulturellen Einordnung des Siegels schwanken die Forscher zwischen der nordisraelitischen Nachbarschaft oder Israel. Indizien für Israel sind der Name Abinadab, der sonst nur in der Bibel bezeugt ist,[82] und zwei sprachliche Eigenheiten. Das Nebeneinander von Gebet und Segenswunsch zeigt klar, wie hier der Segen als Antwort der Gottheit auf das Bittwort des Menschen gilt. Zudem ist die Bitte an ʿasiti um ihren Segen ein bezeichnendes Beispiel für die weite Verbreitung religiöser Formen am Ende des 7. Jahrhunderts v. Chr.

Ein weiteres, sehr gut erhaltenes Siegel gehörte einem Mann mit assyrischem Namen:

---

[81] So P. Bordreuil u. a., Ausstellungskatalog: Der Königsweg, 9000 Jahre Kunst und Kultur in Jordanien (Mainz 1989), 167, Nr. 182; im Sinne einer Akzentverschiebung übersetzen Avigad/Sass 1997 Nr. 876 und Hübner 1992, 51–52, Nr. 12 (mit weiteren Literaturangaben) mit «geloben» anstatt «beten».

[82] Wenn Abinadab Nordisraelit war, gehörte er zu den Leuten, die den Propheten Jeremia dazu veranlasst haben, die Verehrung fremder Göttinnen anzuprangern.

Siegel des *mannu-ki-ninurta*, er sei gesegnet durch *milkom*.[83]

Ninurta ist eine assyrische Gottheit; der Name *mannu-ki-ninurta* («Wer ist wie Ninurta?») ist vergleichbar mit dem biblischen *mīkā'ēl*, Michael (Dan 12,1), «Wer ist wie El?», oder *mīkājāhū*, Michajahu (2Chr 17,7), «Wer ist wie JHWH?». Allerdings ist der Träger des Siegels nun ein «Gesegneter» Milkoms und damit ein Verehrer des einzigen bekannten Nationalgottes der Ammoniter, eines Nachbarvolkes Israels. Auch aufgrund der Buchstabenformen halten viele Forscher das Siegel für ammonitisch. Auf der Seite des zylindrischen Siegels wird *mannu-ki-ninurta* in segnender Haltung abgebildet, während auf der runden Oberfläche die Szene eines Kampfes gegen eine böse Drachenmacht zu sehen ist. So stimmen hier Abbildung und Inschrift in einzigartiger Weise überein: Segen verleiht Kraft im Kampf gegen das Böse. Bei den Nachbarvölkern unterschied sich wohl nur wenig von der religiösen Welt Israels.

Auch das Siegel eines *manan[i] brk bʿl* zeigt keine klaren Kriterien für die eindeutige Zuweisung (Aramäer oder Phönizier?).[84] Die Wortfolge *brk bʿl*, ohne Vokale geschrieben, ist zwar nicht absolut zwingend mit «Gesegneter des (Gottes) Baʿal» wiederzugeben. Dennoch bleibt das die überzeugendste Interpretation, zumal sich in der grossen, zweisprachigen phönizisch-hethitischen Inschrift von Karatepe der Verfasser, König *'ztwd*, mit der identischen Wendung als «Gesegneter des Baʿal» bezeichnet.[85]

83   Hübner 1992, 87–88 Nr. 90; Bordreuil (siehe Anmerkung 81), 165, Nr. 178.
84   Avigad/Sass 1997 Nr. 721, hier als phönizisch beurteilt.
85   KAI Nr. 26, Zeile 1.

Schliesslich ist noch eine Gruppe von fünf Siegeln zu erwähnen, die wohl aus dem Phönizien des 8. Jahrhunderts stammen. Sie gehören einer Frau und vier Männern, deren Name jeweils durch «die/der Gesegnete» ergänzt wird. Einer der Männer mit dem Namen Muwananis erhält noch zusätzlich die Berufsbezeichnung «der Schreiber» (vgl. das Siegel von Baruch, dem Schreiber Jeremias, oben 2.1):[86]

Dem *ʾṣj*, dem Gesegneten (gehört) dieses Siegel
Der *ʾšlthj*, der Gesegneten
Dem *mwnns*, dem Schreiber, dem Gesegneten (gehört)
    dieses Siegel
Dem *nnšlbš*, dem Gesegneten
Dem *phlpš*, dem Gesegneten

Was diese Beispiele aus der Nachbarschaft bezeugen, darf wohl auch für Israel in Anspruch genommen werden: Die Eigner dieser Siegel vertrauten sich ausdrücklich der segnenden Begegnung mit Gott an. Oder weist die identische Struktur dieser fünf Siegel gar auf eine besondere, anderweitig nicht bekannte religiöse Gruppe hin?

---

[86] Avigad/Sass 1997 Nr. 717: *ʾṣī hbrk*; Nr. 718: *ʾšlthī hbrkt* (Frau!); Nr. 720: *mwnns hspr hbrk*; Nr. 722: *nnšlbš hbrk*; Nr. 723: *phlpš hbrk*.

7. Weihinschriften

7.1 Steinschale aus Kuntillet Adschrud

Der Segenswunsch kann auch mit der weihevollen Über-
eignung eines – vielleicht kultischen – Gegenstandes an
eine Person verbunden werden. So ist auf dem Rand einer
mehr als 200 Kilogramm schweren Steinschale folgende
Weiheformel eingraviert:[87]

> Zugunsten von ʿabdījau, dem Sohn des ʿadnā.
> Gesegnet sei er durch JHWH.

Weil auf den Namen der Segen folgt, bezieht sich die Präposition lə («für») am Anfang wohl nicht nur auf die Angabe des Besitzers, sondern bedeutet, dass die monumentale
Schale «zu seinen Gunsten» Gott geweiht wurde. Gott
wirkt durch den Segen im alltäglichen Leben.

7.2 Tempelweihinschrift aus der Philister-stadt Ekron

> Den Tempel baute ʾkjš, Sohn des pd, Sohn des
> jsd, Sohn des ʾdʾ, Sohn des jʿr, Fürst von ʿkrn,
> für pt[g]jh, seine Herrin. Möge sie ihn segnen und
> behü[t]en und seine Tage lang machen und segnen
> sein [L]and.

Diese im Sommer 1996 in Tel Miqne ausgegrabene, nahezu
vollständig und gut erhaltene Inschrift bestätigt die frühere

---

87   Zur Weiheformel: HAE II/1, 26; Text HAE I, 56.

Annahme, die im Alten Testament mehrmals genannte Philisterstadt Ekron sei an der Stelle des heutigen Tel Miqne (an der Grenze zwischen der philistäischen Küstenebene und dem judäischen Hügelland) zu finden. Der Stadtfürst Achisch weiht den von ihm errichteten Tempel der Göttin und erbittet sich dafür ihren Segen,[88] wobei nochmals ein Beleg für die seltene Kombination «segnen und behüten» vorliegt (vgl. oben 5.3). Diese Inschrift stellt ein Beispiel einer ganzen Reihe ähnlicher phönizischer und punischer Weihinschriften dar, die mit der Segensbitte enden. Hier «erkauft» sich der Fürst von Ekron mit dem Bau des Tempels die Segensgunst der Göttin.

Segen als «Gegengeschäft»: Dieses Verständnis ist Israel fremd. So findet sich zwar im Tempelweihgebet Salomos (1Kön 8) die Bitte um die Zuwendung Gottes zu seinem Volk, doch wenn man den Kontext berücksichtigt (der Bund), stellt man fest, dass es sich nicht um eine Segensbitte handelt, die an die Gottheit quasi als Gegenleistung für den Tempelbau ergeht.

---

[88] S. Gitin/T. Dothan/J. Naveh, A Royal Dedicatory Inscription from Ekron: IEJ 47 (1997) 1–16, dort 9–10; I. Kottsieper, Aramäische und phönizische Texte, in: TUAT, Ergänzungslieferung (2001), 176–202, dort 190 mit weiteren Literaturangaben. A. Demsky, Discovering a Goddess: BArR 24/5 (1998) 53–58 möchte anstatt der unbekannten und rätselhaften Göttin *pt[g]jh* bei anderer Deutung eines nur teilweise erhaltenen Buchstabens *pt[n]jh* lesen und als griechische Bezeichnung *potnia* («Herrin») verstehen, hat aber damit kaum Gefolgschaft gefunden. Leuenberger 2008a, 24, verweist ferner auf einige weitere ähnliche Weihinschriften mit Segensformeln in Babylon und Ägypten.

7.3 Neupunische Texte

Neben zahlreichen anderen ähnlichen Dokumenten sei noch darauf hingewiesen, dass neupunische Texte, auf denen Gegenstände einer Person geweiht werden, mit einer Segensformel für diese zu beginnen pflegen.[89]

---

[89]   Zum Neupunischen siehe Garbini in: P. Bartoloni/G. Garbini, Una coppa d'argento con iscrizione punica da Sulcis: Rivista di Studi Fenici 27 (1999) 79–91, dort 85–86.

8. Gotteserscheinung

Unter verschiedenen Texten religiösen Inhalts, die in psalmenartiger Sprache verfasst sind, fand sich in Kuntillet Adschrud das folgende Fragment, geschrieben mit Tinte auf einen Wandverputz:

> ... und beim Aufleuchten Gottes, da zerschmolzen die
> Berge ...
> ... gesegnet/gepriesen sei Baʿal am Tage des
> Krie[ges...]
> ... durch den Namen Gottes am Tage des Krie
> [ges ...][90]

Der Text aus dem 9. oder 8. Jahrhundert v. Chr. zählt zu den frühen Inschriften. Er gehört zu einigen Texten vom selben Ort in phönizischer Schrift, aber hebräischer Sprache. Auffällig ist, dass hier der Gott Baʿal bei seinem Erscheinen vom lobpreisenden Menschen gesegnet wird.

Ein anderes Fragment aus dem gleichen Wandverputz enthält in einer etwas unklaren Segensaussage den Gottesnamen JHWH:

> Gesegnet sei ihr Tag, und sie sollen schwören ...
> gut machen wird JHWH von Teman ...[91]

---

[90] HAE I, 59, Fragment Nr. 3, mit Text; sehr unsicher ist die Lesung und Deutung am Zeilenende 2 und 3; aus der – meines Erachtens unwahrscheinlichen – Ergänzung zum Wort für «Krieg» dürfen jedenfalls keine Schlüsse über den Charakter des «Tages» oder des Gottes Baʿal gezogen werden. Siehe auch Leuenberger 2008a, 116.
[91] Fragment 2, Leuenberger 2008a, 115 und HAE I, 57–58.

Die Motive der Schilderung vom Erscheinen Gottes (Theophanie) im Zusammenhang mit Segen sind aus dem Alten Testament vertraut. Der Segen, den Mose den Israeliten vor seinem Tod spendete, beginnt mit der Schilderung einer Theophanie:

> JHWH kam vom Sinai
> und leuchtete vor ihnen auf von Seir.
> Er strahlte auf vom Gebirge Paran
> und kam von Meribat-Kadesch. (Dtn 33,2)

Das Motiv des Aufleuchtens oder Aufstrahlens findet sich auch in Mal 3,20 für das endzeitliche Aufgehen der «Sonne der Gerechtigkeit», und Jes 60,1–3 ist ganz von diesem Bild geprägt:

> … die Herrlichkeit JHWHs ist aufgestrahlt über dir
> … über dir aber wird JHWH aufstrahlen
> … und Könige [werden gehen] zu deinem strahlenden
>   Lichtglanz.

Auch das Bild vom Zerfliessen der Berge ist aus der Schilderung von Gotteserscheinungen vertraut. Am Anfang des Michabuches heisst es, dass beim Erscheinen Gottes «die Berge unter ihm zerfliessen» (Mi 1,4), und gemäss dem Siegeslied der Debora «wankten» sie vor ihm (Ri 5,5).

Eine weitere Parallele liegt in der Theophanieschilderung des Habakuk vor:

> Gott kommt aus Teman
> und der Heilige vom Berg Paran …
> und sein Ruhm erfüllt die Erde.
> Und da wird ein Glänzen sein wie das [Sonnen-]
>   Licht …

und die ewigen Berge brachen auseinander …
   (Hab 3,3–6)[92]

Ähnlich wie im Deboralied (Ri 5,2.9) folgt im Textfragment aus Kuntillet Adschrud auf die grossartige Erscheinung des Gottes die menschliche Reaktion: das Lob, ausgedrückt durch «segnen» *(brk)*.

Auf dem Wandverputz von Kuntillet Adschrud ist also von Baʿal die Rede, der bei seinem Erscheinen in gleicher Sprache «gesegnet» wird wie JHWH in alttestamentlichen Hymnen, und gleich daneben findet sich auch «JHWH von Teman». Dieser Umstand passt zur Erkenntnis, dass in jener frühen Zeit in Israel – und wohl erst recht in der «internationalen» Handelsstation Kuntillet Adschrud – noch nicht allein der Gott JHWH verehrt wurde.

Jedenfalls bezeugt dieses Fragment eindrücklich: Die Erscheinung Gottes vermittelt Segen und veranlasst umgekehrt den Menschen, Gott den Segen zuzusprechen. Dieses wechselseitige Segnen – von Gott zum Menschen und vom Menschen zu Gott – wurde eindrücklich thematisiert von Martin Buber in seiner dialogischen Programmschrift «Ich und Du»;[93] in jüngerer Zeit wurde es bestritten, wohl aus der Sorge heraus, Gott auf magische Weise beeinflussen oder gar Macht über ihn gewinnen zu wollen. Das hat Auswirkungen auf die meisten Bibelübersetzungen und viele (auch wissenschaftliche) Kommentare. Besonders deutlich wird das am Beispiel von Ps 115:[94] Nicht nur der

---

[92] Wie im eben erwähnten Fragment 2 ist auch hier die Rede von «JHWH von Teman»; zum ganzen Motiv siehe J. Jeremias, Theophanie: WMANT 10 (1965; 2. Aufl. 1977).

[93] M. Buber, Ich und Du (13. Aufl. Gerlingen 1997), besonders 14.

[94] Siehe Frettlöh 1996, 482–483, u. a. mit Verweis auf die Arbeit von W. Schenk, Der Segen im Neuen Testament (Berlin 1966), die geradezu

hebräische Text, sondern auch die griechische Übersetzung des Alten Testaments (→ Septuaginta) sowie die lateinische (Vulgata) bieten in Ps 115,18 das jeweilige Wort für «segnen» (*eulogein* bzw. *benedicere*), aber bereits die Zürcher Bibel (seit 1531) und die Lutherbibel (seit 1545) übersetzen mit «loben» oder «preisen».

auf dem Bestreiten der genannten Wechselseitigkeit aufgebaut ist; ferner auch grundsätzlich Frettlöh 1998, 401–402; Leuenberger 2008a, 481ff.

9. Segenszuspruch für ein langes Leben

Ein Leben unter dem Segen Gottes soll ein langes Leben sein. In hohem Alter dankbar zurückblicken und dem Tod entgegensehen zu können war schon damals ein erwünschtes Ziel.

So kann Hiob am Ende seines doch gesegneten Lebens «alt und lebenssatt» sterben (Hi 42,17). Vertraut ist dieselbe Wendung auch in Bezug auf Abraham (Gen 25,8) oder Isaak (Gen 35,29). Mose stirbt im Alter von 120 Jahren, nachdem er das Volk gesegnet hat (Dtn 34,7), und nach Gen 5 erreichen die Urväter ein ausserordentlich hohes Alter. Im Jesajabuch wird Gottes Segenskraft nicht ausdrücklich genannt, klingt aber an: «Bis in euer Alter bin ich es …, der euch schleppt. Ich … werde tragen, und ich werde euch schleppen und euch retten.» (Jes 46,4)

9.1 SEGENSZUSPRUCH FÜR EINEN STEINMETZ

Eine kurze Inschrift aus dem Antikenhandel, die vielleicht um das Jahr 700 v.Chr. angefertigt worden war und vermutlich aus dem Grab von Chirbet el-Qom stammt,[95] ist auf einem unförmigen Steinblock angebracht und weder leicht zu lesen noch leicht zu deuten. Der Inhalt hat keine hohen Wellen geschlagen; ein Fälscher hätte es besser gemacht, daher wird ihre Echtheit kaum bestritten.

Die von mir früher vorgeschlagene Interpretation des Textes[96] führt zu folgender Übersetzung:

---

[95] Deutsch/Heltzer 1995, 27–30, Nr. 7.
[96] F.Mathys, Erwägungen zu einer neu edierten Inschrift, angeblich aus Chirbet el-Kōm: BN 84 (1996) 51–53.

Gesegnet sei dein Steinmetz;
möge er hier liegen im Greisenalter.

Der Inhalt erweist die zwei kurzen Zeilen eindeutig als Inschrift aus einem Grab: Der Besitzer der Grabhöhle
wünscht dem Steinmetz, der ihm das Grab ausgehauen hat,
Segen, und gewährt ihm darin einen Platz für seine Bestattung. Zum Segenszuspruch gehört ausdrücklich der
Wunsch nach dem «Greisenalter». Indirekt liegt damit ein
Zeugnis dafür vor, dass Gottes Segen auch im Grab, also
über den Tod hinaus, wirken soll (vgl. unten, Kapitel 10).

Grabhöhlen aus jener Zeit sind zwar meistens Familien-
gräber, aber in bestimmten Fällen gewähren grosszügige
Grabbesitzer für spezielle Personen Ausnahmen. Beispiele
dafür sind Josef von Arimatäa, der sein neues Grab für den
gekreuzigten Jesus zur Verfügung stellt (Mt 27,57–60), oder
der alte Prophet, der einem Gottesmann aus Pietät einen
Platz im eigenen Grab gewährt (1 Kön 13,27–30).

9.2 WEITERE BEISPIELE

Segenswünsche für das Erreichen eines hohen Alters sind
in einer Inschrift aus Ekron und in verschiedenen weiteren
Dokumenten belegt. In einer zweisprachigen, assyrisch-
aramäischen Weihinschrift auf einer Basaltstatue vom Tell
Fakhriyah im nordostsyrischen Chabur-Tal, wohl etwa aus
dem 9. Jahrhundert v. Chr., findet sich der Zuspruch:

Seine Seele möge leben;
sein Leben möge lang währen;
seine Jahre mögen wachsen. (Teil A, Z. 17–19)

Dazu verweist Viktor Sasson unter anderem auf Spr 3,2 und ähnliche Wünsche aus dem arabischen Bereich.[97] Ein edomitischer Text aus der zweiten Hälfte des 7. Jahrhunderts v. Chr. erinnert inhaltlich an Hiob 27,10–17 und beginnt folgendermassen:

> Wenn [du] in Ruhe und Rechtschaffenheit
> alt wirst und Gott preist,
> siehe, du sollst ein hohes Alter erreichen,
> und ich will deine Hand füllen (d. h. deine Macht
>   stärken).[98]

Auf einer Flascheninschrift vom Tell Siran, ebenfalls aus dem 7. Jahrhundert v. Chr., findet sich der Wunsch an den Ammoniterkönig Amminadab:

> Möge er sich freuen und glücklich sein für viele Tage und lange Jahre.[99]

Längst bekannt ist die phönizische Inschrift auf der Stele des *jǝḥaumilk* von Byblos aus dem späten 5. Jahrhundert v. Chr. Ihm gilt der Segenszuspruch:

> Möge die «Herrin von Byblos» segnen den *jḥmlk*, König von Byblos, und ihn beleben und lang machen seine Tage und seine Jahre über Byblos; denn er ist ein gerechter König.

---

[97] V. Sasson, The Aramaic Text of the Tell Fakhriyah Assyrian-Aramaic Bilingual Inscription: ZAW 97 (1985) 86–103, dort 90 bzw. 95.

[98] V. Sasson, An Edomite Joban Text: ZAW 117 (2005) 601–615, dort 602–603.

[99] V. Sasson (siehe Anmerkung 98), 603; O. Thompson/F. Zayadine, The Works of Amminadab: BA 37 (1974) 13–19, dort 15.17.

Bemerkenswert ist die ausdrückliche Begründung mit dem gerechten Walten des Königs, die an die Verbindung von Bundesverpflichtung und Segen im Amulett I von Ketef Hinnom (siehe unten 10.2.2) erinnert. Ähnlich wie bei der Grabinschrift von Chirbet el-Qom (siehe unten 10.2.1) werden hier Text und Bild kombiniert: Die Stele wird dominiert von einem Bild, auf dem sich die Göttin mit segnend erhobener Hand dem König zuwendet.[100] Ein hohes Alter zu erreichen ist somit Ausdruck eines gesegneten Lebens.

---

[100] KAI Nr. 10, Zeilen 8–9, Übersetzung und Kommentar KAI II, 12–13; mit Abbildung neu bearbeitet und kommentiert von Leuenberger 2009, 67–83, mit besonderem Gewicht auf der Kombination von Text und bildlicher Darstellung.

10. Dokumente aus Gräbern

10.1 LEBEN JENSEITS DES TODES IM ALTEN ISRAEL?

Im Jahre 1979 wurden in einem Grab in «Ketef Hinnom» (Schulter Hinnoms) bei Jerusalem zwei Silberröllchen gefunden, auf denen jeweils eine Kurzform des «aaronitischen Segens» (Num 6,24–26) zu erkennen ist. Mit solchen amulettartigen (→ Amulett) Röllchen hat man den Verstorbenen Gottes Segen auf den Weg über das irdische Leben hinaus mitgegeben. Dieser Fund hat breite Beachtung gefunden und die Diskussion um das Todesverständnis im Alten Israel stark angeregt. Lange Zeit herrschte die Meinung vor, die Israeliten hätten den Tod nur als Gottesferne erlebt: Tote können Gott nicht loben (Jes 38,18; Ps 6,6; 30,10; 88,11–13). Inzwischen hat man zunehmend auch andere Stellen und Aspekte beachtet. So ist heute weithin anerkannt, dass die Gottesbeziehung über den Tod hinaus schon in spätvorexilischer Zeit bezeugt ist und dass sich nach der Exilszeit eigentliche Jenseitshoffnungen ausbildeten.[101] Erwähnenswert ist etwa der zweite Teil von Psalm 115, in dem Segenswünsche formuliert sind, die an den aaronitischen Segen anklingen. Auf eine Reihe von Segens-

---

[101] Dazu und zum Ganzen U. Kellermann, Überwindung des Todesgeschicks in der alttestamentlichen Frömmigkeit vor und neben dem Auferstehungsglauben: ZThK 73 (1976) 259–282; Chr. Hardmeier, «Denn im Tod ist kein Gedenken an dich …» (Psalm 6,6). Der Tod des Menschen – Gottes Tod?: EvTh 48 (1988) 292–311; Chr. Barth, Die Errettung vom Tode; Leben und Tod in den Klage- und Dankliedern des Alten Testaments, neu herausgegeben von Bernd Janowski (Stuttgart 1997, Erstauflage 1947); Frettlöh 1996; Dietrich/Vollenweider 2001, besonders 590; Janowski 2003; Eberhardt 2007, besonders 388–392; zuletzt zusammenfassend Janowski 2008.

wünschen an das Haus Israel und an die, «die JHWH fürch-
ten» (V. 12–15), folgt:

> Nicht die Toten loben JHWH,
> keiner von allen, die hinabfuhren ins Schweigen.
> Wir aber, wir segnen/preisen JHWH
> von nun an bis in Ewigkeit. (Ps 115,17–18)

In der Tat stehen hier «loben» *(hll)* und «segnen» *(brk)* in
praktisch gleichem Sinn beieinander.

Nun lesen wir aber in den Psalmen immer wieder, wie
schwergeprüfte Menschen ihr Schicksal als Abgeschnitten-
sein von Gott und vom Leben erfahren und ihn in höchster
Not eindringlich um sein Eingreifen anrufen. Dabei handelt
es sich um eine symbolische Ausdrucksweise. Physisch sind
sie dabei am Leben: In höchster Not ist der Mensch «mehr
tot als lebendig» und bittet, Gott möge ihn von diesem Tod
erretten. Wenn Gott das tut, hat er im Grunde auch die
Grenze zwischen Tod und Leben durchbrochen.

Es kommt immer wieder vor, dass Menschen nach der
Errettung aus höchster Gefahr sagen, sie hätten ein neues
Leben geschenkt bekommen. Nun kann aber dieses Erleben
und die Rede davon über die physische Todesgrenze hinaus
greifen; die lebendige Frömmigkeit der Leute hat sich schon
damals nicht immer streng an die offizielle Lehrmeinung
gehalten, und das gilt bis heute. So hat sich der in Zürich
wirkende Rabbiner Dr. Jakob Teichman[102] mehrfach mündlich darüber geäussert, dass viele seiner Glaubensgenossen an
eine Form von Leben über den Tod hinaus glaubten – trotz
fehlender Grundlage in ihrer heiligen Schrift.

---

[102] Geboren 1915 in Ungarn, gestorben 2001 in Zürich.

Seit es Menschen gibt, glauben sie an irgendeine Form von Weiterleben: Sie haben Tote nicht einfach weggeschafft, sondern ihnen ein Grab bereitet, ihnen Lebensnotwendiges mitgegeben, ihren Körper mit der roten Farbe des Lebens bemalt oder sie in Hockstellung begraben – wie im Mutterleib, bereit zur neuen Geburt. So ist der Glaube an eine Form von Weiterleben allgemein menschlich.

Auch das Alte Testament enthält Hinweise auf das Wirken von Gottes Segen über den Tod hinaus. So wird in Gen 12,1–3 als programmatischer Anfang der Erzelterngeschichten die Weitergabe der Lebenskraft über die Generationen durch den Segen verheissen, was dann etwa die Betrugsgeschichte zwischen Jakob und Esau (Gen 27) eindrücklich veranschaulicht. Eine Generation später gibt Jakob/Israel im Angesicht seines Todes den Segen mit den Worten weiter: «Sieh, ich sterbe nun. Gott aber wird mit euch sein und wird euch in das Land eurer Vorfahren zurückbringen» (Gen 48,21). Nach dem Vorbild des segnenden Patriarchen werden auch Mose (Dtn 31,1–6; 33,1–29), Josua (Jos 23,14–16), Samuel (1Sam 12) und David (1Kön 2,1–12) beschrieben: Vor ihrem Sterben geben sie das, was ihre Sendung und ihr Leben mit Gott ausmacht, an die Nachfolgenden weiter – die Segenskraft transzendiert ihren Tod. Dazu passt auch Spr 10,7: «Das Gedenken an den Gerechten bleibt in Segen.»[103]

Solcher Glaube ist aber zu unterscheiden von konkreten Vorstellungen über ein neues Leben im Jenseits: Diese kennt das Alte Testament nicht, abgesehen von vereinzelten, späten Stellen.[104] Erst recht unterscheiden sich solche

---

[103] Vgl. dazu U. Kellermann 1976, 267–268. Zur späteren Bedeutung von Spr 10,7 im Judentum siehe unten 10.5.

[104] Der Frage nach Tod und Jenseits ist die Forschung in neuerer Zeit intensiv nachgegangen, siehe Dietrich/Vollenweider 2001, besonders

Hoffnungen von der im Neuen Testament gelehrten Auferweckung Jesu Christi.

10.2 GOTTES SEGEN ÜBERWINDET DIE TODES-GRENZE

In letzter Zeit sind in Palästina Dokumente aus erstaunlich früher Zeit aufgetaucht, gemäss denen Menschen einander die Begegnung mit Gott wünschen (auch über dieses Leben hinaus) oder Kraft von Gott auf einem neuen Weg. Dazu einige bezeichnende Beispiele:

10.2.1 Grabinschrift aus Chirbet el-Qom

In den 60er Jahren tauchte im Jerusalemer Antikenhandel Material aus einer Raubgrabung auf. Darunter befand sich eine Grabinschrift (→ Grab). Es gelang, das Grab in Chirbet el-Qom, 14 km westlich von Hebron, ausfindig zu machen und 1967 vollständig auszugraben. Es wird ins letzte Viertel des 8. Jahrhunderts v. Chr. datiert, also in die Zeit des Jesaja. Am bekanntesten ist die folgende Inschrift, die man im Zentralraum der Grabhöhle, zwischen den Zugängen zu den einzelnen Grabkammern, gefunden hat. Neben dem Text ist von oben eine Hand deutlich in den Stein eingetieft, wohl als abwehrendes Symbol. Er lautet:

1	*ʾrjhw hʿšr ktbh*	Urijahu, der Reiche, hat es schreiben lassen.
2	*brk ʾrjhw ljhwh*	Gesegnet ist/sei Urijahu durch JHWH

585–586, 589ff.; Janowski 2003; zuletzt den inhalts- und umfangreichen Sammelband Berlejung/Janowski 2009.

3 *wmṣrjh l'šrth* Und von seinen Feinden hat er ihn
  hwš'lh durch seine Aschera errettet.

4 *l'njhw* Von/Durch Onijahu

5 *wl'šrth* und durch seine Aschera

6 *[...] wl'[š]rth* … [?] und durch seine Aschera.[105]

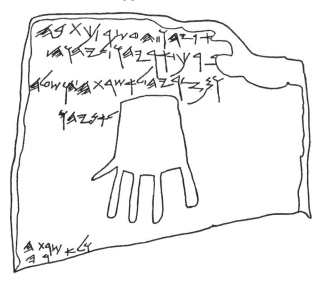

Abb. 10: Gottes schützende und segnende Hand

Natürlich ist auch dieses Dokument häufig in der erwähnten Monotheismusdiskussion herangezogen worden. Zum

---

[105] Zur Deutung und Übersetzung Leuenberger 2005, 354; ausführlich ders., 2008a, 139–145; zuletzt ders. 2008b, 66–77; überzeugend seine Argumentation für die gegenwärtig/zukünftige Wiedergabe des Segens, zumal im Grabkontext. Ferner Janowski 2003, 213; ders. 2008, 283–284; Eberhardt 2007, 366–368.

Thema Segen geht es aber um die andere Frage: Ist das ein Rückblick auf das gesegnete Leben des Urijahu und auf die Rettung vor seinen Feinden dank Aschera, oder ist es ein Segenswunsch für ihn über den Tod hinaus?

Im Bezug auf den sonst üblichen Sprachgebrauch «gesegnet sei N.N. durch Gott» (vgl. die Segensamulette aus dem Grab von Ketef Hinnom) vertritt unter anderen Martin Leuenberger überzeugend die Meinung, dass in dieser Grabinschrift «ein Bezug auf das gegenwärtige bzw. zukünftige Ergehen des verstorbenen Urijahu klar den Vorzug gegenüber einem rein biographischen Rückblick» verdiene, obwohl man Zeile 3 in der vorliegenden Sprachform nur rückblickend verstehen könne.[106]

Die eingravierte Hand ist eindeutig zusammen mit der Inschrift zu interpretieren.[107] Da die ganze Fläche der Hand recht tief in den Stein eingegraben ist (vgl. das Foto auf dem Umschlag des vorliegenden Buches),[108] beherrscht ihr Bild den ganzen Komplex noch viel mehr, als dies auf Strichzeichnungen dargestellt werden kann. Fritz Stolz deutet die Hand unter Hinweis auf ägyptische Zaubertexte als ein Abwehrmittel gegen Feinde.[109] Aufgrund der Daumen-

---

[106] Leuenberger 2008a, 142, mit weiteren Literaturangaben; ders. 2008b, 71; Janowski 2008, 283 stellt das gleiche Verständnis in den Zusammenhang der Frage nach dem Wirken des Gottes Israels über den Tod hinaus.

[107] K. Liess, Der Weg des Lebens. Psalm 16 und das Lebens- und Todesverständnis der Individualpsalmen: FAT 2/5, 2004, 306; Eberhardt 2007, 369–371 mit Literaturangaben; nachdrücklich Leuenberger 2008b, 66–67, zusammenfassend 2009, 81–83, sowie 2008a, 141–143.

[108] Zum Beispiel bei Leuenberger 2008a, 138. – In den Arbeiten, die diese Grabinschrift thematisieren, findet man fast nur Strichzeichnungen, da diese die Inschriften deutlicher wiedergeben als Fotos.

[109] Stolz 1996, 172; ähnlich J.M. Hadley, The Khirbet el-Qom Inscription: VT 37 (1987) 50–62, dort 62; Janowski 2003, 213. Ausführlich und

stellung ist sie als Innenseite einer rechten Hand erkennbar
– die rechte Hand Gottes ist Ausdruck seiner Hilfe, wie
sich mit dem Text in Zeile 3 der Inschrift und mit jenem
von zwei Psalmstellen zeigen lässt:

> Er griff herab aus der Höhe, fasste mich,
> zog mich heraus aus gewaltigen Wassern.
> Er entriss mich meinem starken Feind,
> meinen Hassern, die mir zu mächtig waren. (Ps 18,17–18)

> Gehe ich auch mitten durch Bedrängnis,
> du erhältst mich am Leben, dem Zorn meiner Feinde
>   zum Trotz,
> du streckst deine Hand aus,
> und deine Rechte rettet mich. (Ps 138,7)

So wirkt die Hand in ihrer überdimensionierten Grösse als
eigentlicher Blickfang: Sie weist auf die von oben eingrei-
fende rechte Hand Gottes hin und verleiht damit dem
Ganzen eine starke Aussagekraft.

10.2.2 Die Segensamulette von Ketef Hinnom

Oben auf der «Schulter» westlich von Jerusalem, wo sich das
Hinnomtal nach Süden zu senken beginnt (darum Ketef
Hinnom, also «Schulter Hinnoms» genannt), unterhalb der
schottischen St. Andrews-Kirche, befindet sich eine Grab-
anlage. Dort fand man im Jahre 1979 zwei kleine Rollen aus
Silberblech mit eingekratzter Inschrift. Dass man derartig
aufwendige Grabanlagen errichtet und die Gebeine mit

überzeugend geht zuletzt K. Liess (siehe Anmerkung 107), 305–307, auf
dieses Symbol ein und verweist zu Recht auch auf Ps 69,2.3.15 und
144,7.

Grabbeigaben – darunter → Amulette mit Segensformeln – sorgfältig aufbewahrt hat, ist ein deutliches Zeugnis für die Zuversicht, dass sie die Menschen in irgendeiner Form neuen Lebens wieder verwenden sollten.[110]

Der israelische Archäologe Gabriel Barkay datierte die Inschriften aufgrund der Fundumstände und einer paläographischen Analyse (→ Paläographie) auf die Zeit kurz vor dem babylonischen Exil, also ins späte 7. bis frühe 6. Jahrhundert v. Chr.[111] Die Silberröllchen enthalten eine Kurzform des aaronitischen Segens (Num 6,24–26). Der Fund wurde zu einer grossen Sensation. Barkays Datierung wurde zwar von den meisten Fachleuten akzeptiert, aber doch von einigen bestritten; am meisten Beachtung erfuhr die Datierung in die spätere → hasmonäische Zeit durch Johannes Renz im «Handbuch der althebräischen Epigraphik», einem für die Beschäftigung mit althebräischen Inschriften unentbehrlichen Standardwerk.

Inzwischen haben neuere technische Möglichkeiten der Untersuchung und Fotografie die Klärung bisher unsicherer oder gar unlesbarer Teile der Texte möglich gemacht und den ersten Herausgeber zu einer erneuten wissenschaftlichen Bearbeitung veranlasst. Sie ist in den wesentlichen Punkten überzeugend und liegt der folgenden Beschreibung zugrunde. Dabei hält Barkay an seiner ursprünglichen Datierung fest und begründet sie überzeugend mit archäologischen und paläographischen Argumenten.

Zu den archäologischen Umständen ist festzuhalten, dass das Repositorium mit den beachtlichen Massen von

---

[110] Vgl. die ausführliche Diskussion, jedoch mit leicht anderer Lesung und Beurteilung, bei Eberhardt 2007, 381 ff.

[111] Der Fund wurde wissenschaftlich veröffentlicht: zunächst in einer Broschüre des Israel Museums (1986), dann hebräisch (1989) und in englischer Übersetzung (1992).

3,69 × 1,98 m bei einer Tiefe von 65 cm um die tausend Objekte aus verschiedenen Zeitepochen enthielt. Da in dieser Vertiefung immer wieder neue Gebeine und Grabbeigaben abgelegt wurden, ist davon auszugehen, dass nahe beieinander Gefundenes aus ähnlicher Zeit stammt. Nun fand sich das grössere der beiden Silberröllchen («Ketef Hinnom I») eindeutig zusammen mit Funden aus der späten → Eisenzeit (7. Jahrhundert) und das kleinere («Ketef Hinnom II») in einer unteren, also ebenfalls älteren Schicht. Weit davon entfernt und nur ganz zuoberst lagen einige wenige Gegenstände aus → hellenistischer Zeit, die somit nicht relevant sind für die Datierung der Silberröllchen. Die erwähnte wissenschaftliche Neubearbeitung durch Gabriel Barkay bietet einen sehr anschaulichen und umfassenden Bericht über die Grabung, über die reichen Funde und über die Bedeutung des Platzes insgesamt.[112]

Die von der Sache her gebotene Vorsicht im Umgang mit der → Paläographie[113] ist hier zusätzlich wegen der extremen Kleinheit der Amulette zu unterstreichen: Ihre Grösse entspricht etwa den von Juden am Körper getragenen «Tefillin» (→ Phylakterion),[114] die Schrift ist also fast mikroskopisch klein und wirkt darüber hinaus zuweilen unsorgfältig. Da diese Röllchen aus dünnem Silberblech mit

---

[112] Barkay u.a. 2004, 44 zur Beurteilung der Fundlage. 2009 veröffentlichte er zudem eine Zusammenfassung für eine breite Leserschaft.

[113] Berlejung 2008b, 210ff zieht neben der Archäologie und Paläographie auch die Orthographie und die Verwendung von Silber als Material in Betracht und schlägt insgesamt die Datierung ins Ende des 6. oder ins 5. Jahrhundert vor. Das würde jedoch die Bedeutung dieser beiden Röllchen für die Entwicklung des Segens im Alltag nicht ernsthaft ändern.

[114] Solche Tefillin hat man auch in Qumran gefunden, siehe z.B. die erste Ausgabe von K.G. Kuhn 1957, ergänzt und vervollständigt in J.T. Milik u.a., Qumran Grotte 4/II: Discoveries in the Judaean Desert VI (Oxford 1977) 53ff.

ihrem Charakter als Amulette nicht dazu bestimmt waren, unbeschädigt wieder aufgerollt zu werden, muss man davon ausgehen, dass die eingekerbten Texte nicht wieder gelesen werden sollten. Sicher war aber ihr Inhalt dem Träger und seiner Familie bekannt.[115] Trotz diesen ungünstigen Bedingungen konnte Barkay die Formen der verwendeten Buchstaben generell der spätvorexilischen Zeit zuweisen. Die folgende Wiedergabe beschränkt sich auf den Text in Umschrift gemäss Barkays Lesung und bezieht sich auf dessen Übersetzung. Ergänzungen sind dabei in [ ] wiedergegeben.[116]

---

[115] Siehe zuletzt Berlejung 2008b, 205–208. Jedoch teile ich ihre Beurteilung (214) nicht, die Amulette hätten mit dem Tod ihres Eigentümers ihr «Schutzobjekt» und ihr Einsatzfeld verloren.

[116] Nebst Barkay u. a. 2004 sei auf folgende relevante Sekundärliteratur hingewiesen: Leuenberger 2005; Eberhardt 2007, 375–387; Berlejung 2008b; Berlejung 2008a; diese bietet in 2008b, 212–213 ausführlich Text und Übersetzung und in 2008a, 37–40 zusätzlich einen detaillierten, auch orthographischen Vergleich mit den biblischen Bezugsstellen.

10.2.2.1 Ketef Hinnom I

Abb. 11: Bundes
verpflichtung und Segen

Das Silberblech misst aufgerollt 27 × 97 mm. Der Text lautet wie folgt:

Umschrift	Übersetzung	biblischer Bezugstext
1	*jhw ...*	JHW …	
2	*...*	…	
3	*gd[l šmr]*	der gros[se, der bewahrt]	der getreue Gott, der
4	*hbrjt w*	den Bund und	den Bund bewahrt und
5	*[h]ḥsd l'hb*	[die] Gnade denen, die lieben	die Gnade denen, die ihn lieben
6	*w]wšmrj [mṣ]*	ihn] und halten [seine]	und seine Gebote halten.[117]
7	*[wtw]...*	[Gebote] …	
8	*t hʿlm (?)*	der ewige [Bun]d (?)	
9	*[h]brkh mkl [p]*	[der?] Segen mehr als jede	Behüte mich vor den
10	*ḥ wmhrʿ*	[Fal]le[118] und mehr als das Bö-se.	Klappen der Falle … der Übeltäter

---

117   Dtn 7,9; wie hier folgt in Dtn 7,13 auf das Bekenntnis eine Segens-verheissung.

11	*kj bw gʾl*	Denn in ihm ist Erlö-	JHWH, mein Fels und Erlöser![119]
12	*h kj jhwh*	sung. Denn JHWH	Gott, ihr Fels … und ihr Erlöser[120]
13	*[m]šjbnw [w]*	ist unser Wiederhersteller [und]	Stelle uns wieder her![121]
14	*ṣwr jbr*	Fels. Es segne	Es segne
15	*k jhwh [w*	dich JHWH [und	dich JHWH und
16	*j]šmrk [j]*	be]hüte dich, [es lasse	behüte dich, es lasse
17	*[ʾ]r jhwh*	leuch]ten JHWH	leuchten JHWH

---

[118] Das Wort *paḥ* bedeutet eine Vogelfalle mit zwei Klappen und wird in der Hebräischen Bibel durchwegs bildlich für menschlich Heimtückisches gebraucht, vgl. D. Kellermann, Art. פַּח *paḥ*: ThWAT VI (1989) 547–552. Dieses Bild im Zusammenhang der Segensformel erinnert an die Bitte in Ps 141,9, wörtlich «behüte mich vor der Hand der Falle …». Dabei ist «Hand» auf diese beiden Klappen zu beziehen, zugleich aber hört man im entsprechenden hebräischen Wort den Sinn «Macht» mit.

[119] Ps 19,15.

[120] Ps 78,35.

[121] Ps 80,4.8.20.

18	*pn[jw]*	[sein An]gesicht	sein Angesicht
		…	[über dir und sei dir gnädig. JHWH erhebe sein Angesicht zu dir und gebe dir Frieden][122]

Von der Mitte der Zeile 14 an liegt offensichtlich eine Kurzfassung des «aaronitischen Segens» vor, wie er in Num 6,24–26 überliefert ist. Dabei handelt es sich zweifellos nicht um einen neu formulierten Text, sondern um eine überlieferte Segensformel, die bei verschiedenen Gelegenheiten gesprochen oder geschrieben worden ist und so ihre Wirkung entfalten sollte.[123] Solche Formeln werden über längere Zeit kaum verändert. Wenn man davon ausgeht, dass dieses Dokument aus dem Ende der vorexilischen Zeit stammt, ist es zwar ein Beleg für das Alter dieser Formel, nicht aber dafür, dass grössere Textbereiche, die sie enthalten – das Numeribuch oder gar der ganze → Pentateuch, auch aus dieser Zeit stammen.

Die erwähnten vergleichbaren Texte erinnern an bekannte formelhafte Wendungen und psalmenartige Vertrauensaussagen: In Zeile 1 war wohl der JHWH-haltige Name der Person zu lesen, der das Amulett ins Grab mitgegeben wurde. Die Zeilen 3–8 ähneln den Bekenntnisformeln zum Bundesgott (Dtn 7,9; Dan 9,4; Neh 1,5). JHWHs Segen ist dadurch eingebunden in die lebendige, wechselseitige Beziehung des Menschen zu ihm. So liegen hier «die ersten

---

[122] Num 6,24–26.
[123] Siehe z. B. Leuenberger 2008a, 458.465, etwas anders Seybold 2004, 72–73.

ausserbiblisch fassbaren Bekenntnisse zu Jahwe»[124] vor, die explizit ausformuliert sind. Sie setzen als «bedingte Segensankündigungen»[125] der magischen Verwendung des Amuletts – im diesseitigen Leben wie im Ausblick auf das jenseitige – Grenzen: Sie wirken nicht aus eigener Wirkkraft, sondern eingebunden in eine lebendige Beziehung zum Bundesgott.

Die Zeilen 7–10 sind nicht mehr eindeutig zu verstehen.[126] Sicher zu erkennen ist das Wort «Segen», allenfalls als Verb, so dass eine weitere Segensbitte für die verstorbenen Person vorliegen dürfte. Die hier angenommene Deutung erinnert an die Bitte um Bewahrung vor üblen Fallenstellern in Ps 141,9. Der Text der Zeilen 11–14 (Mitte) erinnert an Vertrauensaussagen aus verschiedenen Psalmen. «Erlösen» ist ferner in Ps 72,14–17 mit dem Segen verbunden, in Ps 78,35–37 mit dem Halten des Bundes.[127] Somit

---

[124] Berlejung 2008b, 222; jedoch beurteilt sie in der Folge die Bekenntnisaussagen hinsichtlich ihrer Bedeutung für die Wirkung der Amulette anders.

[125] Frettlöh 1998, 326ff.; Berlejung 2008a, 49, ferner 155, 157, 264; F. Crüsemann, Die Tora (München 1992) 262–264.

[126] Verschiedene Möglichkeiten sind in Barkay u. a. 2004, 58–60, aufgeführt. Erwähnt sei seine Überlegung, in Z. 10 eine Formulierung magischer Art zu finden: «Segen ist stärker als jede Schlange oder als Böses.» Er hält das aber mit Recht nicht für die überzeugendste Lesart des an dieser Stelle nicht klar identifizierbaren Textes. Setzte sie sich durch, würde sie dem Dokument einen stärker magischen Charakter verleihen, siehe unten 10.4.

[127] Anstelle von ṣūr (Fels) am Anfang von Z. 14 ist auch die Lesung ᾿ōr «Licht» möglich. Sie geht auf A. Yardeni, Remarks on the Priestly Blessing on two Ancient Amulets from Jerusalem: VT 41 (1991) 176–185 zurück und wird u. a. von Keel/Uehlinger 2001, 418–420 oder Eberhardt 2007, 378 übernommen. Die Übersetzung «denn JHWH bringt uns zurück Licht» ergäbe keine wesentliche Änderung der Aussage. Berlejung 2008b, 214 verzichtet auf eine Entscheidung, da alle Optionen im Zusammen-

bietet dieses Silberamulett den spätvorexilischen Beleg nicht nur für die Existenz der Formel des aaronitischen Segens, sondern vielmehr für die Verbindung der drei Elemente Bekenntnisformel, Vertrauensaussage und Segen.

10.2.2.2 Ketef Hinnom II

Abb. 12: Kurzform von Aarons Segen

---

hang einen guten Sinn ergäben. Im Übrigen ist die von Barkay u. a. 2004 nach ausführlicher Diskussion bevorzugte Lesung am Ende diejenige mit den wenigsten offenen Fragen.

	Umschrift	Übersetzung	biblischer Bezugstext
		[Für N. N. 1, (den Sohn/ die Tochter von) N. N. 2]	
1	*h/ w brk h[ʾ]*	-h/ hu. Es sei gesegnet er/ sie	Der Gott deines Vaters wird dir
2	*ljhw[h]*	durch JHWH	helfen und El Schaddaj
3	*hʿzr w*	der hilft (kämpft?) und	wird dich segnen.[128]
4	*hgʿr b*	der schilt das	
5	*[r]ʿ jbrk*	Böse. Es segne dich	Es segne dich
6	*jhwh j*	JHWH, und	JHWH und
7	*šmrk*	behüte dich,	behüte dich;
8	*jʾr jh*	es lasse leuchten JH	es lasse leuchten JHWH

---

[128] Gen 49,25.

9	*[w]h pnjw*	WH sein Angesicht	sein Angesicht [und sei dir gnädig.
10	*['l]jk wj*	über dich und er	Es möge erheben JHWH sein An-
11	*śm lk š*	gebe dir Frie-	gesicht über dich] und er gebe dir
12	*[l]m*	den.	Frieden.[129]

Auch das kleinere der beiden Silberamulette enthält offensichtlich eine Vertrauensbezeugung an JHWH – den Helfer und Beschützer vor dem Bösen – sowie einen Teil der Segensformel.

10.2.2.3 Frühes Bibelzitat – oder ältere Formel?

Auf beiden Röllchen findet sich die Segensformel in kürzerer Form als im Bibeltext (Num 6,24–26); was jedoch vorhanden ist, entspricht ihm fast buchstäblich. Das gilt auch weitgehend für die Zeilen 3–6 in Ketef Hinnom I, die eine Parallele in Dtn 7,9 haben. Dabei handelt es sich durchwegs um rituelle Texte: Bekenntnisse des Gottvertrauens und Bauens auf seinen Segen lebten zu jener Zeit unter den Israeliten nicht nur im Gottesdienst, sondern auch in der alltäglichen Frömmigkeit. Die Formeln haben aber gerade durch den regelmässigen rituellen Gebrauch Aufnahme in den → Pentateuch, in einige Psalmen und in

---

129 Num 6,24–26: «aaronitischer Segen».

andere biblische Texte gefunden; es handelt sich also nicht um frühe Bibelzitate.[130]

In diesem Zusammenhang ist daran zu erinnern, dass Ritualtexte kaum je gekürzt werden, sondern eher die Tendenz haben, zu wachsen: Kürzere Formen sind älter, und sie sind auch noch nicht auf Jota und Häkchen festgelegt, wie die Texte auf den beiden Amuletten zeigen. Im Zuge dieses Wachsens ist schliesslich die «kunstvolle dreigliedrige Formel» des Priestersegens entstanden.[131]

10.2.2.4 Bekenntnis und Segen im Leben und danach

Angelika Berlejung[132] hat wohl zurecht betont, dass diese Silberamulette nicht nur ins Grab mitgegeben, sondern schon zu Lebzeiten getragen wurden: Die betreffende Person soll auf ihrem Lebensweg Halt erfahren, indem sie sich – unterstützt von der Eigenwirksamkeit des Amuletts – begleitet und getragen weiss vom Bekenntnis zum Bundesgott, von der Zuversicht, von böser Macht befreit zu werden, von der Hoffnung auf Erlösung und Rettung. Dass in den Texten in Ketef Hinnom I die Mehrzahl verwendet wird,[133] ist «Ausdruck einer gemeinschaftlichen Bekenntnisidentität (vgl. Jes 63,16), der de[n] Träger[n] der Texte zugeordnet wird».[134] Dazu fügt sich der Segenszuspruch, der von jeher dem Einzelnen per Du gilt.

---

[130] Sie können deshalb auch nicht als Argumente in der Diskussion um das Alter längerer Teile der Mosebücher dienen. Anders Barkay u.a. 2004, 68: «the earliest known citations of biblical texts»; ähnlich auch Barkay 2009, 124.126.

[131] So auch Berlejung 2008a, 41–43, zum «Endprodukt» (Num 6,24–26) 57–58.

[132] Berlejung 2008b, 215ff.; ähnlich Barkay 2009, 124.

[133] In den Zeilen 5–6 und 13.

[134] Berlejung 2008b, 223; ähnlich dies. 2008a, 48–50.

Diese Silberröllchen zeigen eindrücklich, dass der durch den Bund mit Gott bedingte Segen den Einzelnen, eingebettet in die Gemeinschaft, durch das Leben tragen soll. «Jahwe schenkt den Lebenden Licht und Hoffnung, Lebenserhaltung und -steigerung. Sein Segen ist ein Heilsgeschehen.» Dieses «Programm fürs Leben» (Angelika Berlejung) bewahrt auch über das irdische Leben hinaus Geltung: Die Grabbeigaben widerspiegeln die Hoffnung und Überzeugung, dass Gottes Segen auch nach dem Tod wirken soll.[135]

Für weitere grundsätzliche Überlegungen dazu sei auf einen Artikel von Thomas Krüger hingewiesen, der darlegt, wie sowohl bei Kohelet (dem «Prediger») als auch bei Paulus die Erwartung eines Lebens nach dem Tod ein Geschenk Gottes bedeutet – und nicht eine Ausdehnung menschlicher Verfügungsmacht über den Tod hinaus.[136]

Der Glaube an das Wirken Gottes über dieses Leben hinaus wurzelt also in Israel schon in spätvorexilischer Zeit, wie Bernd Janowski überzeugend dargestellt hat; eine ausdrücklich formulierte Jenseitshoffnung bildete sich aber erst in nachexilischer und vor allem in spätalttestamentlicher Zeit aus.[137]

---

[135]   Dazu lassen sich meines Erachtens jedoch keine konkreten Einzelheiten formulieren, wie es A.☐ Berlejung (2008b, 226–229) versucht.

[136]   Th. Krüger, Leben und Tod nach Kohelet und Paulus, in: ders., Das menschliche Herz und die Weisung Gottes: AThANT 96 (2009) 59–77, besonders 70–71.

[137]   Janowski 2003, 233ff., und im grösseren Zusammenhang ders. 2008, v. a. 287–304.

10.3 STALAKTIT AUS DER HÖHLE VON EN-GEDI

Im Eingang einer Höhle bei En-Gedi am Toten Meer findet sich auf einem → Stalaktiten eine stark verwaschene Inschrift, die auf das Ende des 8. Jahrhunderts v. Chr. datiert wird. Darauf folgt nach einer Verfluchung dreimal die Segensbitte mit je einem Namen:

> Verflucht, wer auslöscht …
> Gesegnet sei *jəhō*.
> Gesegnet sei *bgj*.
> Gesegnet sei Adonija.[138]

Derartige Fluch- und Segensformeln sind regelmässig in oder bei Gräbern zu finden. Oft beginnen sie mit einem Fluchspruch, der mögliche Grabschänder abwehren soll. So ist wohl auch dieses Dokument als Grabinschrift zu deuten, die den drei in dieser Höhle begrabenen Personen Gottes Segen über den Tod hinaus zuspricht.

10.4 SEGEN – GOTTVERTRAUEN ODER MAGIE?

Was hat es für den Umgang mit dem Segen zu bedeuten, dass die Blättchen aus eingerolltem Silber von Ketef Hinnom die Form von → Amuletten haben, wie man sie aus andern Gelegenheiten und mit andern Texten kennt? Sollten die Segensformeln auf den Amuletten im diesseitigen Leben und als Grabbeigaben über den Tod hinaus mit magischer Wirkung zur Abwehr von bösen Mächten dienen? Ist ihr Inhalt

---

138   HAE I, 175; zum Nebeneinander von Fluch und Segen siehe oben Kapitel 4.

mit demjenigen von andern Amuletten vergleichbar? Ist Segen hier eine Ausprägung von Magie?

10.4.1 Amulette, Mezuzot, Tefillin

Magische Praktiken zur Abwehr böser Mächte mittels Amuletten gehörten von jeher zur menschlichen Religiosität. Textamulette waren im Alten Orient überall verbreitet und finden sich etwa in Mesopotamien seit sehr früher Zeit. Amulette aus graviertem und gerolltem Metall sind vor allem aus den ersten Jahrhunderten n. Chr. bekannt, doch ihr Ursprung dürfte viel weiter zurückliegen.[139] So zeigen etwa die Abbildungen im ersten Teil der von Joseph Naveh und Shaul Shaked herausgegebenen Sammlung von jüdisch-aramäischen Beschwörungstexten[140] eine grosse Ähnlichkeit mit den Silberrollen von Ketef Hinnom. Zahlreiche weitere Beispiele, die frühestens aus dem 10. Jahrhundert n. Chr. stammen, wurden Ende des 19. Jahrhunderts in der → Geniza einer Synagoge in Kairo gefunden.[141] «Der Brauch, Texte auf rollbare Materialien (Metalllamellen, Papyrus) zu schreiben und sie in eine Amulettkapsel (Belege aus Ägypten ab dem 7., mit Blüte im 6./5. Jahrhundert) zu stecken, hat wohl ägyptische Wurzeln und wurde dem Mittelmeer-

---

[139] Berlejung 2008b, 216–217; Schrire 1966, 5–11; für ältere Belege aus dem biblischen Raum siehe Keel 2007, 589–590.

[140] Die umfangreiche und sorgfältige Edition bietet eine gute Einführung zur Rolle solcher magischer Dokumente im Judentum. Ältere Amulette bei Naveh/Shaked 1987, dort 14 Hinweis auf das Alter der Dokumente aus der Geniza von Kairo; ferner Schäfer/Shaked 1994, 1997, 1999; zusammenfassender Beschrieb und weitere Literaturhinweise bei Berlejung 2008b, 216–221.

[141] Übrigens zusammen mit der sogenannten → Damaskusschrift und Teilen der hebräischen Urfassung des Buches Jesus Sirach.

raum durch die Phönizier vermittelt.»[142] Der Ursprung dürfte in den ägyptischen → Totenrollen liegen; sie sollten also von jeher Verstorbene über den Tod hinaus beschützen. Solche beschrifteten Plättchen aus Gold, Silber oder Kupfer waren bis in die späteste römische Kaiserzeit (ca. Ende 6./Anfang 7. Jahrhundert n. Chr.) von England über Europa bis nach Syrien stark verbreitet. Recht häufig handelt es sich dabei um Funde aus Gräbern.[143]

Diese Amulette enthalten Texte mit magischen Formeln, mit denen meist Gott (mit verschiedenen Namen) oder Dämonen (mit teilweise abgekürzten Namen) angerufen werden. Die Herausgeber dieser aramäisch verfassten, aus jüdisch geprägten Gegenden der Spätantike stammenden Objekte beurteilen die entsprechenden Praktiken als «synkretistische, volksreligiöse Bräuche mit wenig Tiefgang».[144] Auch in der grossen Edition meist hebräischer Amulette aus der → Geniza von Kairo bestätigt sich der Eindruck: Die frühmittelalterlich-neuzeitlichen, teilweise recht umfangreichen Amulette aus eindeutig jüdischer Herkunft haben einen ausgesprochen magischen Charakter. Darin sind Segensformulierungen dem magischen Kontext angepasst; nur vereinzelt wird der aaronitische Segen zitiert.[145]

Der Gebrauch solcher Amulette reicht bis in die Neuzeit hinein. Beispielsweise weist Albert Hauser in seinem religiös-volkskundlichen Werk «Von den letzten Dingen»

---

[142] Berlejung 2008b, 217.

[143] Beispielsweise Amulett 4 in Aleppo, siehe Naveh/Shaked 1987, dort 54ff.

[144] Naveh/Shaked 1987, 35–38, Zitat 38.

[145] Naveh/Shaked 1987, 237–238; Schäfer/Shaked 1994, 217–218; III, 164; Zu sog. «Berakoth»-Formeln siehe die Einleitung bei Schäfer/ Shaked 1997, besonders 6ff.

auf Grabbeigaben hin, «die im frühen Mittelalter bis hinein ins 8., 9. Jahrhundert gebräuchlich waren … Dieser zweifellos zum Teil auf vorchristlichen Elementen beruhende Brauch verschwand und tauchte plötzlich im 17./18. Jahrhundert neu auf.» Ausgrabungen auf dem Pfarrfriedhof von Schwyz förderten unter anderem Segenszeichen zutage, z. B. Benediktuspfennige von amulettähnlichem Charakter mit Segenssprüchen. Dabei «offenbart sich eine tiefe Volksfrömmigkeit. Sie ist allerdings nicht ganz frei von magischen Vorstellungen.» In der Moderne sind in unseren Gegenden offenbar derartige Segenszusprüche für Verstorbene ganz verschwunden oder mindestens sehr selten geworden.[146] In weiterem Zusammenhang ist ferner mit dem volkskundlichen Standardwerk von Richard Weiss darauf hinzuweisen, dass «das christliche Gebet im Volksglauben immer und immer wieder zur Zauberformel (wird), welche richtig aufgesagt … unfehlbar zu wirken hat.»[147] Dieses Phänomen, das über die Zeiten zu beobachten ist, legt es nahe, in der Volksreligiosität nicht mit einer klaren und strengen Trennung von Segenszuspruch und Magie zu rechnen. Dennoch stellt sich die Frage, ob nicht unterschiedliche inhaltliche Ausprägungen festzustellen sind.

Einige Beispiele von neueren Funden mögen die Verbreitung von Amuletten mit magischem Inhalt auch im germanischen Gebiet des Römischen Reiches veranschaulichen. Soweit deren Herkunft bekannt ist, handelt es sich durchwegs um Grabbeigaben, was nicht ausschliesst, dass sie auch zu Lebzeiten getragen und verwendet wurden –

---

[146] Jedenfalls finden sich aus dem 19. bis 20. Jahrhundert in A. Hausers Sammlung keine solchen Hinweise mehr.
[147] Hauser 1994, Zitate 48, Abbildung eines Benediktuspfennigs 50; R. Weiss, Volkskunde der Schweiz (Zürich 3. Aufl. 1984) 272ff., Zitat 315.

dies hätte natürlich keine archäologisch greifbaren Spuren hinterlassen. Die Verbreitung im Römischen Reich – in einer Zeit, die geprägt war von der geistigen und religiösen Auseinandersetzung zwischen Heidentum und Christentum – zeugt immerhin vom konstanten Bedürfnis des Menschen, den vor und nach dem Tod lauernden Gefahren von bösen Mächten zu wehren und sich dem Schutz einer guten göttlichen Macht anzuvertrauen.

Ein besonders schönes Exemplar wurde im Umfeld des grossen römischen Legionslagers Vindonissa (bei Brugg im Kanton Aargau, Schweiz) gefunden, und zwar als Grabbeigabe in einem Frauengrab auf dem spätrömisch-mittelalterlichen Gräberfeld Oberburg. Ein aus Gold- und Silberblech gefertigtes, zusammengerolltes Amulett ist in altkoptischer Sprache, aber mit griechischen Buchstaben beschrieben. Ähnliche magische Texte finden sich auch sonst bei den Kopten, also den frühen Christen aus Ägypten.[148] Die folgende Übersetzung vermittelt einen Eindruck vom Inhalt eines solchen magischen Amuletts, das keine erkennbaren christlichen oder jüdischen Elemente enthält:

---

[148] Schäfer/Shaked 1999, 10–11.

Abb. 13: Im Grab magische Wirkung erhofft

Komm heraus zu […] Grosser und
komm, Zauber, und du sollst gehen zu […] ich
befehle (es). Komm, Einziger, Grosser, zu uns!
Hallo, hole die Sterne, schlag zu, schlag zu, schlag zu!
Komm zu ihm als Schaden. Entferne dich, wende dich
   um,

wir opfern dieses Schwein für den Grossen. Komm
zum Grossen, du Schicksal. Gib Zauber, Herrscher, du
  bist Schutz.
Erreiche den Grossen. Nähere Dich! Komm, Grosser
  der Geister!
Komm, komm, Grosser, zum Grossen der Fürsten,
  gehe
zu […]. Bleib stehen! Schlag zu! Auf! Werde Schutz
für mich, Grosser. Gib einen Dämon des
Berges (Bösen?). Komm, Grosser, der von der Unterwelt. Die Sonne ist
gekommen. Grosser. Auf! Auf zum […]
Komm, Grosser, komm, komm, komm! Horus, hole
  ihn!
Gib das grosse Geheimnis her! Komm heraus […]
Nähere dich! Komm heraus, grosser Geist! Kehre um,
  grosser Dämon!
Bring Stärke. Komm, dieser aus der Grossen Unterwelt.[149]

Das Amulett hat die Funktion, gute überirdische Mächte
zum Schutz der Trägerin anzurufen. Es soll ihr in der Unterwelt Kraft und Stärke sowie den Beistand einer guten
Macht verleihen, die auffällig häufig «der Grosse» genannt
wird: Horus ist die lateinische Namensform des altägypti-
schen Himmels- und Königsgottes. Der ins Grab mitgege-
bene Ruf nach ihm wird zu einer Bitte, wobei ein neues

---

[149] W. Kosack, Zwei altkoptische Talismane aus dem römischen Gräberfeld von Windisch-Oberburg: Jahresbericht der Gesellschaft Pro Vindonissa 2003, 11–15, dort 15. Es handelt sich um das Grab einer etwa
50-jährig verstorbenen Frau, siehe: Gallien in der Spätantike, Ausstellungskatalog (Mainz 1980) 135ff., Nr. 194, weitere Beigaben aus diesem
Gräberfeld ebd. Nr. 191–196.

Leben im Blick ist. Die magische Formulierung «Auf! Werde Schutz für mich» kommt einer Segensformel ein Stück weit nahe, entspricht ihr aber nicht wirklich.

Das Schriftbild macht die Entstehung des Amuletts zwischen 180 und 200 n. Chr. wahrscheinlich; das Grab jedoch wird anhand der übrigen Beigaben in die erste Hälfte des 5. Jahrhunderts datiert, also in die Zeit, in der sich nach längeren politischen und geistig-religiösen Auseinandersetzungen das Christentum durchgesetzt hat. Dies legt die Annahme nahe, dass das Amulett in Ägypten entstanden ist – entweder noch in heidnischem oder in bereits synkretistisch-christlichem Umfeld – und dann über Generationen hinweg weitervererbt und von koptischen Legionären in die heutige Schweiz gebracht worden ist.[150]

Die «heidnische» Sitte, Verstorbenen Beigaben zu einem weiteren Leben mitzugeben, konnte nie ganz unterdrückt werden. Vindonissa ist wahrscheinlich in der fraglichen Zeit Sitz der Bischöfe Bubulcus und Grammaticus gewesen,[151] Bischofskirche war wohl die Martinskirche im Quartier «Oberburg», wo auch das Frauengrab liegt, in dem das Amulett gefunden wurde. Spätrömische Grablagen wurden oft zur Keimzelle frühmittelalterlicher Kirchen.[152]

---

150   Kosack (siehe Anmerkung 149) 13–14.

151   R. Pfister, Kirchengeschichte der Schweiz 1 (Zürich 1964) 62–63 mit Literaturangaben. Weiteres zu diesem Prozess siehe M. Hartmann/ H. Weber, Die Römer im Aargau (Aarau 1985) 20ff., 28; Gallien in der Spätantike (siehe Anmerkung 149), Kap. «Heidentum und Christentum. Die geistige Auseinandersetzung und der Sieg der Kirche», 85–120; hier zeigen die Karten auf Seiten 88 und 96 anschaulich, wie man in Vindonissa heidnische Heiligtümer aufgegeben hat, aber in den folgenden Wirren bedrohte Bischöfe am sicheren Ort Zuflucht suchen mussten.

152   Drack 548, in W. Drack/R. Fellmann, Die Römer in der Schweiz (Stuttgart 1988); Gallien in der Spätantike (siehe Anmerkung 149), 97.

Hinter den mannigfachen Legenden, die sich um kopti-
sche Christen in der Schweiz und die «thebäische Legion»
gerankt haben, darf man wohl als historischen Kern an-
nehmen, dass in der Tat Kopten die christliche Botschaft in
diese Gegend gebracht haben, wozu neben Legionären
wohl auch Familienangehörige und Mitläufer, beispielsweise Händler gehörten.[153] Die wiederholte Häufung von magischen Schutzformeln unterstreicht den Eindruck, dass das
Amulett durch das blosse Vorhandensein wirken sollte; der
in winziger Schrift eingravierte magische Text auf diesem
zusammengerollten Objekt konnte kaum je wieder gelesen
und verstanden werden.

---

[153] Dazu in O. Wermelinger (Hg.), Mauritius und die Thebäische Legion: Actes du colloque, 17–20 sept. 2003, Fribourg, Saint-Maurice, Mar-
tigny (Fribourg 2005) die Beiträge von M. A. Speidel (37–46), J. Szidat
(47–56) und B. Näf (95–118).

Zwei weitere Beispiele stammen aus der Gegend von Regensburg. Eines der Amulette kann leider nicht mehr vollständig gelesen werden, weil es unsachgemäss behandelt wurde, nachdem man es gefunden hatte.[154] Erkennbar sind aber immerhin einige magische Schriftzeichen sowie Götter- und Zaubernamen, darunter die sicher vom Judentum herzuleitende Dreiheit *Iaō, Sabaō[t], Adōneai.* Das entspricht dem Tetragramm JHWH, dem Attribut «Zebaoth» (traditionell mit «Heerscharen» übersetzt) und der im Judentum für JHWH gebräuchlichen Gottesanrede «Adonaj».[155]

Das andere Amulett ist mit vielen magischen Zeichen und Buchstaben versehen, aus denen sich kein Sinn mehr erheben lässt. Versuche, christliche Elemente (unter anderem ein Christogramm) zu lesen, lassen sich nicht halten; man hat wohl, wie beim Objekt aus Vindonissa, mit einer durchmischten Volksreligiosität zu rechnen.[156]

Ein ähnliches Amulett stammt aus den Thermen von Badenweiler. Neben verschiedenen magischen Zeichen enthält es Namen von Gottheiten (Zebaoth, Adonai) und Dämonen, zudem – mit griechischen Buchstaben geschrieben – die lateinisch formulierte Bitte, einen gewissen Luciolus vor jeder Gefahr zu schützen.[157]

---

[154] G. Grimm, Die Zeugnisse ägyptischer Religion und Kunstelemente im römischen Deutschland: Études préliminaires aux religions orientales dans l'empire romaine 12 (Leiden 1969) 173; D. Dietz/U. Osterhaus, Regensburg zur Römerzeit (Regensburg 1979) 439–440.

[155] Diese Namen sind auch in nichtjüdischer magischer Praxis verwendet worden; Übersicht und Beurteilung bei Naveh/Shaked 1987, 35–38.

[156] Dietz/Osterhaus (siehe Anmerkung 154) 440. Zur religionsübergreifenden Rolle von Magie siehe auch H. P. Hasenfratz, Die antike Welt und das Christentum (Darmstadt 2004) 69–73.

[157] Grimm (siehe Anmerkung 154) 212–213, Nr. 128.

Von solchen Amuletten, die offenbar recht weit verbreitet gewesen sind, ist wohl nur ein Teil bekannt, weil der Faktor «Zufall» bei archäologischen Funden gross ist. Der oben erwähnten Beurteilung des magischen Gebrauchs solcher Amulette ist grundsätzlich zuzustimmen: Die lebendige, vertrauensvolle Beziehung zum persönlichen Gott, wie sie auch in den alltagsreligiösen Zeugnissen des Segens zum Ausdruck kommt, fehlt, wenn Gott und andere Mächte auf magische Weise angerufen werden. Trotzdem hat sich der Glaube an die hilfreiche Wirkung solcher Praktiken offenbar auch entgegen der offiziellen jüdischen und christlichen Theologie beharrlich erhalten.

10.4.2 Jüdische Zeugnisse

Zeugnisse mit zentralen Texten des Judentums veranschaulichen, wie zum Bekenntnis und zum Vertrauen in Gott – im Leben und über den Tod hinaus – aufgerufen wird. Dazu ist vor allem ein im März 2008 durch eine Pressemeldung der Universität Wien[158] bekanntgewordenes Objekt aus dem österreichischen Burgenland zu nennen: Im weitläufigen Gräberfeld eines römischen Gutshofes bei der Ortschaft Halbturn, östlich des Neusiedler Sees nahe der ungarischen Grenze, wurde im Grab eines ein- bis zweijährigen Kindes eine silberne Amulettkapsel gefunden, die ins 3. Jahrhundert n. Chr. datiert wird und ein 2,2 cm langes, gerolltes Goldblättchen enthielt. Nach einiger Mühe konnte darauf der Anfang des jüdischen Glaubensbekenntnisses, des sogenannten *šəmaʿ jiśrāʾēl* («Höre, Israel …», Dtn 6,4),

---

[158] Pressemeldung vom 13.03.2008: «Archaeological sensation in Austria. Scientists from the University of Vienna unearth the earliest evidence of Jewish inhabitants in Austria», Zugriff über http://public.univie.ac.at.

gelesen werden, wobei die hebräischen Buchstaben durch griechische ersetzt sind:

Text	Umschrift	Übersetzung
ΣΥΜΑ	*syma*	Höre
ΙΣΤΡΑΗ	*istraē*	Israe-
ΛΑΔΩ	*l adō*	l, Ado-
ΝΕ ΕΛΩ	*ne elō*	ne, (unser) Go-
ΗΑΛΩ	*ē adō*	tt, Ado-
Ν Α	*n a*	n, ist einer

Abb. 14: Jüdisches Glaubensbekenntnis in Kindergrab

Die Identifikation dieser Inschrift mit dem *šəmaʿ* ist trotz kleinen Unterschieden zur biblischen, hebräischen Fassung nicht zu bezweifeln. Dass man in → hellenistischer Zeit wichtige Ausdrücke oder Formeln jüdischen Glaubens im Hebräischen belassen, aber mit griechischen Buchstaben geschrieben hat, ist aus dem häufigen AMHN *(amēn)* im Neuen Testament vertraut. Auf diese Weise konnte man die Texte schreiben und lesen, ohne die fremde Sprache zu kennen.

Zu einigen auffälligen Einzelheiten im Amulett von Halbturn gehört die Schreibung des Gottesnamens: Schon vor der Zeitenwende wurde im Judentum der Gottesname meistens so geschrieben, dass man beim lauten Lesen auf die gebotene andere Aussprache von «JHWH» aufmerksam wurde. So sind beispielsweise die Texte aus → Qumran meistens in Quadratschrift verfasst, der Gottesname JHWH jedoch mit althebräischen Buchstaben. Als später Vokalzeichen als Lesehilfen eingeführt wurden, schrieb man die Konsonanten *jhwh* mit den Vokalen von «Adonaj», um darauf hinzuweisen, dass anstelle des Gottesnamens der Ersatzname Adonaj («Herr») gelesen werden soll. Es ist darum folgerichtig, dass hier (mit griechischen Buchstaben) *adōne* geschrieben wird. Allerdings fällt das *e* am Wortende auf – möglicherweise eine Wiedergabe der Aussprache, in der sich *-aj*, ähnlich wie etwa im Französischen, zu *-ē* entwickelt hat. Beim zweiten, offenbar abgekürzten Vorkommen fehlt der Endvokal ganz. Beim folgenden Wort ΕΛΩΗ *(elōē)*, «Gott», fehlt überraschenderweise das Suffix *-nu* (für «unser» Gott), das vom Bibeltext her zu erwarten gewesen wäre.[159]

Von den beiden Buchstaben der untersten Zeile ist nur die obere Hälfte erhalten. Entweder ist ein Stück des Goldbleches abgebrochen oder es war nicht mehr Platz vorhanden. Das Alpha ist Zahlwort «eins» (hebräisch *'œḥād)* für den einen Gott.

Das Amulett wird von den Ausgräbern ins 3. Jahrhundert n. Chr. datiert. Es gilt als Sensation, weil bisher in dieser Region des Römischen Reiches eindeutige Zeugnisse für eine so frühe Anwesenheit von Juden gefehlt haben. Absolut überraschend ist das allerdings nicht. In der erwähnten Pressemeldung wird denn auch darauf hingewiesen, dass Juden bekanntlich spätestens seit dem 3. Jahrhundert v. Chr. in allen Teilen der Alten Welt in der Diaspora wohnten. Diese Situation verschärfte sich später, nach der zweiten jüdischen Revolte (132–135 n. Chr.), als die Römer sie als Sklaven in alle Teile ihres Reiches verkauften. So lässt sich die damalige Präsenz von Juden im heutigen Österreich erklären.

Ähnliche, aber nichtjüdische Amulette mit magischen Formeln haben sich in Österreich und in Teilen von Un-

---

[159] In Jesu Kreuzesruf (Mk 15,34), der dem Anfang des 22. Psalms entspricht, ist dieses aramäische Wort für Gott fast identisch geschrieben (ΕΛΩΙ): «Eloi, eloi, lema sabachtani!» («Mein Gott, mein Gott, warum hast du mich verlassen!»), wobei der Endvokal *-i* für «mein» steht.

garn finden lassen – z. B. in Vindobona (dem heutigen Wien) oder in Carnuntum, der damals grössten römischen Siedlung der Region.[160]

Ein weiteres solches Amulett aus späterer Zeit mit dem vollständigen Text des *šəmaʿ* ist in der → Geniza von Kairo gefunden worden.[161]

Nach dem Zitat vom *šəmaʿ jiśrāʾēl* findet sich folgende Anweisung:

> Du sollst sie als Zeichen auf deine Hand binden und sie als Merkzeichen auf der Stirn tragen, und du sollst sie auf die Türpfosten deines Hauses schreiben und an deine Tore. (Dtn 6,8–9)

Es stellt sich die Frage, ob die Texte dabei ihren bekennenden Wortcharakter verlieren und zur «magisch handhabbaren Sache» werden.[162] Eine strikte Abtrennung magischer Elemente von der religiösen Praxis ist zwar nicht möglich. Doch wenn man den verpflichtenden Charakter des Bekenntnistextes ernst nimmt, kann er nicht in der Weise der Magie allein aus sich selbst wirken. Ein illustrierendes Beispiel dafür ist das Goldblättchen aus dem Burgenland, mit dem einem verstorbenen Kleinkind anstelle üblicher magischer Formeln das zentrale jüdische Glaubensbekenntnis mit auf den Weg in ein neues Leben gegeben wird.

Ein ähnliches Dokument liegt möglicherweise in einem Anfang des 20. Jahrhunderts im Antikenhandel erworbenen Amulett aus Blei vor, das L. H. Vincent veröffentlicht

---

160 Etwa 40 km östlich von Wien (heute Petronell-Carnuntum, mit einem grossen archäologischen Park).

161 Schäfer/Shaked 1997, 9.

162 So M. Rose, 5. Mose, Zürcher Bibelkommentare 5,1–2 (1994) 30.

hat.[163] Es stammt aus dem samaritanischen Judentum und enthält den aaronitischen Segen. Gemäss der mündlichen Auskunft eines samaritanischen Priesters in Nablus an Vincent galt es bei den Samaritanern als uralte Tradition, den Verstorbenen Amulette aus Blei mit ins Grab zu legen. Allerdings sind Echtheit und Alter des Objekts unsicher.

Wie auf anderen Amuletten ist der Text teilweise abgekürzt eingraviert: Abgesehen vom Anfang und Schluss stehen von jedem Wort nur einige Buchstaben, gefolgt von einem oder zwei Punkten als Kennzeichen, dass es ich um eine Abkürzung handelt. Die Segensformel ist am Ende ergänzt durch «Amen» und «Höre, I…». Vermutlich ist damit das jüdische Glaubensbekenntnis (Dtn 6,4) gemeint.[164] Die folgende Übersetzung überträgt diese abgekürzte Schreibweise sinngemäss, indem das Fehlende in [ ] ergänzt wird:

Es segne dich JH[WH] und beh[üte dich]. Es lasse
    leu[chten] JH[WH]
sein Ange[sicht] über [dir] und sei dir [gnädig]. Es
    er[hebe] JH[WH] sein Ange[sicht] zu dir
und ge[be] dir Frie[den]. Amen. Höre I[srael]!

---

[163]   L. H. Vincent, Chronique: RB 12 (1903), 605–617, dort 606.609–611, Abb. 14; siehe auch Jaroš 1982, 106–107, Nr. 100ff.
[164]   Vincent (siehe Anmerkung 163) 610.

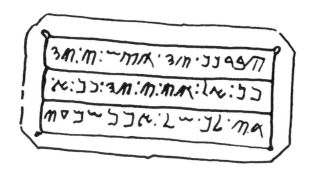

Abb. 15: Jüdisches Glaubensbekenntnis in Samaria

Weitere Objekte aus dem engeren biblischen Raum, die aber nicht die Segensformel enthalten, haben T. Schrire sowie J. Naveh und Sh. Shaked zusammengestellt; dazu sei nochmals auf die grosse Sammlung aus der → Geniza von Kairo hingewiesen.[165]

Türpfostenamulette hatten von jeher die magische Funktion, Dämonen abzuwehren und somit das Innere des Hauses vor ihnen zu schützen.[166] Bereits Dtn 6,9 gebietet, das *šəmaʿ* auf Türpfosten, sogenannte → Mezuzot, zu schreiben; Dtn 11,13–20 spricht im gleichen Sinn allgemein von «Worten» und «Geboten». Anstelle magischer Formeln wurden in Israel und werden bis heute in orthodoxer jüdischer Praxis Schlüsselverse der → Tora an die Türpfosten

---

[165] Schrire 1966; Naveh/Shaked 1987; Schäfer/Shaked 1994, 1997, 1999; Hinweise auf weitere Veröffentlichungen von Amuletten ebd. und bei Berlejung 2008b, 216–217.

[166] Beispiele bei J. Milgrom, Art. מְזוּזָה *mᵊzūzā*: ThWAT IV (1984), 801–804, dort 802.

gehaftet. Möglicherweise hatten früher auch grössere, gerollte und in eine Hülse gesteckte Amulettblättchen als Inschriften an Türpfosten gedient.[167] «Israel transformierte … das ursprüngliche Türpfosten-Amulett zu einer ständigen Mahnung an die Hausbewohner, ihr Leben in Übereinstimmung mit der Thora zu leben».[168] Das älteste bekannte Beispiel ist ein 6,5 × 16 cm grosses Pergament aus Höhle 8 in Qumran mit dem Text Dtn 10,12–11,21.[169] Auch der kleine, 1902 in Ägypten erworbene Papyrus Nash (→ Papyrus) aus dem 2. Jahrhundert v. Chr., bekanntgeworden wegen seiner besonderen Dekalogfassung, enthält Dtn 5,6–21 und 6,4–9; er könnte ursprünglich Bestandteil einer → Mezuza oder eines → Phylakterions gewesen sein.[170]

Deshalb ist im Umfeld des jüdischen Brauchtums auch ein Hinweis auf die Tefillin (→ Phylakterion) angezeigt. Das sind kleinste Handschriften auf Leder oder → Papyrus in von blossem Auge kaum lesbarer Schrift, die eingerollt oder zusammengefaltet in kleinen Behältern beim Gebet am Kopf und am linken Arm anzulegen sind.[171] Die ältesten bekannten Belege stammen aus Qumran und enthalten ebenfalls zentrale Glaubenstexte, z. B. Ex 13, Dtn 11, vor allem aber Dtn 5–6 mit dem Dekalog und dem *šəmaʿ*.[172]

10.4.3 Fazit

So lässt sich auf den Gebetsriemen (→ Phylakterion), Türpfostenrollen und auf Grabbeigaben in Amulettform – alles

---

[167] Kuhn 1957, 24; siehe auch Naveh/Shaked 1987, 14.
[168] Milgrom (siehe Anmerkung 166), 803.
[169] Milgrom ebd.
[170] Kuhn 1957, 24.
[171] Kuhn 1957, 5; Keel 2007, § 752, 585–586.
[172] Kuhn 1957, 26.

Zeugnisse jüdischen religiösen Brauchtums aus verschiedenen Gegenden und Zeiträumen – das Bestreben beobachten, Bekenntnistexte, Mahnungen, Gebote und Segenszusprüche einzusetzen, anstatt sich auf magische Praktiken und Formeln aus der religiösen Umwelt zu verlassen.

Dabei bieten die beiden Silberrollen aus Ketef Hinnom das deutlichste Zeugnis mit einem breiten Spektrum solcher Bezüge: Anklänge an formelhafte, aus dem Alten Testament bekannte Wendungen stellen das Vertrauen in Gottes Hilfe der Segensformel voran. Sie dürfen wohl als die bisher ältesten bekannten Dokumente dieser Art betrachtet werden; das gilt auch dann, wenn man sie eher erst in der Perserzeit als schon spätvorexilisch ansetzen möchte.

So hat man zum Schutz während des Lebens und über den Tod hinaus Gottes Segen zugesprochen – und dazu nicht auf magische Praktiken vertraut. Da finden sich weder eine Anhäufung von Dämonen- und Gottesnamen noch unverständliche magische Zeichen: Gottes Segenskraft ist seine Gabe. In Ketef Hinnom I folgt die Segensformel auf die Erinnerung an die Treue des Bundesgottes und an seine Gnade sowie auf die Bindung an das Bewahren seiner Gebote. Diese Kombination von Bundestreue und Segen findet sich auch in Dtn 7,9–13; Magdalene L. Frettlöh spricht mit Recht von «bedingten Segensankündigungen».[173]

Durch die Bindung an den Segen Gottes unterscheidet sich der Glaube in Judäa kurz vor dem Exil in charakteristischer Weise von magischen Praktiken in einem synkretistischen Umfeld. Einige Dokumente zeigen, wie sich dieses jüdische Bestreben zeitlich und räumlich in Gräbern und damit im Hinblick auf ein Leben über den Tod hinaus fortgesetzt hat.

---

173 Frettlöh 1998, 326ff.

Vertrauen in Gott lässt letztlich Magie überflüssig werden. Zu dieser Beurteilung kommt auch Dorothea Greiner hinsichtlich des biblischen Befundes. Zusammenfassend hält sie fest, dass es auf die Grundlage des Vertrauens – nicht, wie in der Praxis magischer Formeln, auf einen genau eingehaltenen Wortlaut – ankommt. «Ein einfaches ‹Gott segne dich› genügt; oder eine Hand auf dem Kopf des anderen verbunden mit einem Spruch, der auf das gottgewirkte Wohl oder Heil des anderen Menschen zielt.» Diese einfache, situativ anpassbare Form «ist ein wichtiger Grund dafür, dass … potentiell jeder Mensch segnen kann.»[174] Der sprachlich vielfältige Gebrauch des Segnens im Alten Testament einerseits und die einfache Form in den Texten der entsprechenden Dokumente andererseits bestätigen dies eindrücklich.

Immerhin ist im Hinblick auf die formale Verwandtschaft und die ähnliche Verwendung von Segenszeugnissen und Objekten magischer Praxis einzuräumen, dass diese Abgrenzung von Segenszuspruch und Magie nicht immer deutlich zu machen ist; auch in der Ausübung der Alltagsreligion sind die beiden Bereiche vermischt worden.

10.5 Weitere Hinweise auf Totengedenken

Das Motiv des Segenszuspruchs findet sich im weiteren Vorderen Orient in biblischer, nachbiblischer und späterer Zeit nicht nur als Beigabe im Grab, sondern auch auf Grabmälern, und bleibt somit weithin sichtbar. Ähnliches findet sich jedoch nicht nur auf jüdischen und christlichen Grabmälern; der Glaube an die Segenswirkung Gottes bzw.

---

174 Greiner 1999, Kap. V, 101–137, Zitate 136–137.

einer Gottheit über den Tod hinaus war keine Besonderheit Israels.

Zum Gedenken an die Toten gehört das Motiv des Segens im Judentum bis heute. Spr 10,7 beginnt folgendermassen:

> *zēker ṣaddīk librākā*: «Gedenken an den Gerechten wird zum Segen ...»

Ein guter Name, den ein Mensch sich zu Lebzeiten erworben hat, wird noch über seinen Tod hinaus erinnernd genannt. «Die Segnungen, die auf sein Haupt kommen, sorgen dafür, dass seiner auch noch nach seinem Tode segnend gedacht wird».[175]
Nun sind die jeweils ersten Buchstaben dieser drei Wörter im Judentum zur Abkürzung für die Bezeichnung eines Menschen seligen Angedenkens geworden: *z*, *ṣ*, *l*.[176] Segen ist Zuspruch der Kraft Gottes. Somit ist dieser Brauch ein indirektes Zeugnis für den Glauben, dass die Gottesbeziehung über den Tod hinaus wirkt. Ähnlich wie im Dokument Ketef Hinnom I ist auch hier in der zweiten Zeile von V. 7 und analog im vorangehenden V. 6 das Wirken des Segens mit der Haltung des Menschen verknüpft:

> Gedenken an den Gerechten wird zum Segen,
> aber der Name der Frevler vermodert. (Spr 10,7)[177]

---

[175] O. Plöger, Sprüche Salomos: BK XVII (1984) 124.
[176] A. Meinhold, Die Sprüche, Zürcher Bibelkommentare 16.1 (Zürich 1991) 170.
[177] Siehe dazu auch O. Kaiser, Der Gott des Alten Testaments, Theologie des AT 3: Jahwes Gerechtigkeit (Göttingen 2003) 265 und zur Thematik insgesamt § 10 (258–268).

Was das Sprüchebuch bezeugt, findet sich beispielsweise auch auf einem Grabstein aus der Gegend von Jaffa aus dem 2. oder 3. Jahrhundert n. Chr.:

> Seine Seele möge ruhen und sein Gedächtnis zum heilvollen Segen sein.[178]

Dass eigentliche Segnungen auf Grabinschriften oder Grabsteinen – jedenfalls in der nichtjüdischen Nachbarschaft Israels – auch schon älter sind, bezeugen einige aramäische Grabinschriften.

Aus Saqqara in Ägypten stammt die folgende Inschrift auf einer Kalksteinstele, die ins 5. Jahrhundert v. Chr. datiert wird:

> Gesegnet seien ʾbh, der Sohn des ḥwr, und ʾḥtbw, die Tochter des ʿdjh, alle beide gelobt und ehrwürdig. Das Eintreten vor den Gott Osiris …

Gemeint ist offenbar, dass die Verstorbenen im Totenreich vor Osiris als ihren Richter hintreten müssen. Mit dem Segenswunsch empfiehlt sie den, der den Grabstein aufstellte, der Gnade des Gottes.[179]

Ähnlich lautet eine ägyptische Grabinschrift aus dem 5. oder 4. Jahrhundert v. Chr., die jetzt in Carpentras (Südfrankreich) ausgestellt ist:

---

[178] Wehmeier 1970, 48. Hier sind auch die Quellenangaben und weitere Einzelheiten zu diesem und den gleich zu nennenden Texten zu finden.
[179] KAI Nr. 267, siehe Wehmeier 1970, 49–50.

Gesegnet sei *tbʾ*, die Tochter der *thpj*, die Treffliche bei dem Gottes Osiris. … Vor Osiris sei gesegnet. Von Osiris empfange Wasser.

Der Segen meint hier also das Wohlergehen jenseits der Todesgrenze.[180]

In Abydos in Ägypten liegt ein heiliger Bezirk, in dem man sich zu Lebzeiten einen Grabplatz sicherte und sich für das Jenseits mit einer ähnlichen Formel dem Segen des Osiris empfahl. In der Stadt Hatra fanden sich mehrere Gedächtnisinschriften, die jeweils mit der Formel beginnen: «Gedenken und Segen *(dkīr wabrīk)* werde dem N. N. zuteil».[181] Auch an andern Orten, vor allem im aramäisch-ostsyrischen Bereich, aber ebenso in Petra und auf der Sinaihalbinsel, finden sich Grabinschriften mit Segenswünschen für Verstorbene im Jenseits, meist aus nachbiblischer Zeit, in einem Fall auch verbunden mit der lobenden Erwähnung der Handwerker, die das Grabmal errichtet haben.[182] In solchen Dokumenten ist der Segenszuspruch mehr als menschliches Erinnern: Der Segen wird zugesprochen zum weiterlebenden Namen und zur Nachkommenschaft: Die Überwindung der Todesgrenze ist damit dem Menschen genommen und in das Handeln Gottes gestellt.[183]

So ergibt sich insgesamt das Bild, dass der Segenszuspruch über den Tod hinaus – jedenfalls im Vorderen Orient – während Jahrhunderten, in biblischer und nachbiblischer Zeit, gepflegt wird. Dieser Segenszuspruch anvertraut

---

[180] KAI Nr. 269, siehe Wehmeier 1970, 50.
[181] Beyer 1998, 171 listet 8 Beispiele auf.
[182] G. Wehmeier 1970 stellt eine grosse Auswahl von Beispielen vor (49–66, besonders 52.57).
[183] U. Kellermann 1976, 271–272.

die Verstorbenen der Hand Gottes; man rechnet damit, dass die Gottesbeziehung über das irdische Leben hinaus dauert. Diesen Glauben teilt das Alte Israel mit seinen Nachbarn im Vorderen Orient.

11. Zum Schluss

«Gott segne dich» – vom Anfang des Lebens bis ans Ende und über den Tod hinaus. Dieser Zuspruch gilt in allen hier behandelten Dokumenten des religiösen Alltags immer einem Einzelnen. Dem entspricht auch die ursprüngliche Formulierung im bekanntesten Bibeltext, dem «aaronitischen Segen» in Num 6,24–26: die ursprüngliche Anrede «du» ist stehengeblieben, auch wenn an Aaron die Weisung erging, das ganze Volk zu segnen.

Es ist deutlich geworden, wie dieser Segenszuspruch seit früher Zeit die Menschen in der Religion des Alltags auch im Land der Bibel begleitet hat. Die Zuversicht, auf dem Weg des Lebens zwar von Gott und von seinem Willen und Walten abhängig zu sein, aber auch getragen und begleitet zu werden von seiner Segenskraft, wirkte als wesentliche Hilfe im Leben und in der Begegnung von Mensch zu Mensch. Dies bedeutete auch eine entscheidende Befreiung vom inneren Zwang, diesen Weg allein, mit eigenen menschlichen Kräften, bewältigen zu können oder mit dem richtigen Einsatz von magischen Praktiken.

Eindrücklich ist, wie der Segen sowohl in den ältesten bisher bekannten ausserbiblischen Zeugnissen aus dem Grab von Ketef Hinnom als auch in der Hebräischen Bibel in den Bund mit Gott einbezogen ist: Die lebendige Beziehung zu Gott, das Vertrauen in seine Zuwendung und die mit dem Bekenntnis verbundene Verpflichtung der Glaubenden bilden die wirksame, überzeugende Grundlage des Segenszuspruchs. In diesem Sinn lässt sich der Inhalt der beiden Rollen von Ketef Hinnom so zusammenfügen:

Für N. N.

Er/sie sei gesegnet von JHWH, dem grossen,
der den Bund bewahrt und die Gnade
denen, die ihn lieben und seine Gebote halten,
der hilft, dessen Segen mehr vermag als jede Falle und
    das Böse.
Denn in ihm ist Erlösung, er ist unser Wiederhersteller
    und Fels.
Es segne dich JHWH und behüte dich.
Es lasse leuchten JHWH sein Angesicht über dir
und er gebe dir Frieden.

Glossar

Nützliche Hinweise finden sich auch im Glossar der Zürcher Bibel 2007.

AMULETT

Als Amulette bezeichnet man Objekte, die man bei sich hat, auf sich trägt, an Türpfosten anbringt oder auch Toten ins Grab legt, um damit Wirkungszusammenhänge zu beeinflussen, die eigentlich nicht in der Hand des Menschen liegen. Vor allem sollen sie vor Dämonen, bösen Mächten und Vorkommnissen schützen. Es sind entweder natürlich belassene (Steine) oder künstliche, in spezifischer Form gefertigte Objekte, die aus Bildern, Figuren (→ Bes, → Skarabäen), beschrifteten Metallrollen oder auch aus Knochenstäbchen bestehen. Amulette wirken grundsätzlich auf magische Weise durch sich selbst. Manchmal haben Dokumente mit Segenstexten die Form von Amuletten, beispielsweise die Silberröllchen aus Ketef Hinnom. Amulette müssen nicht zwingend lesbar und verständlich sein; oft sollen sie wirken, ohne mit einer bestimmten göttlichen Macht verbunden zu sein und eine persönliche Vertrauensbeziehung zu ihr vorauszusetzen. Dementsprechend sind sie über alle Grenzen von Zeiten, Religionen und Kulturen verbreitet.

BES

Sammelname im alten Ägypten für eine Gruppe zwergenhafter, missgestalteter Dämonen. Sie hatten meist einen gedrungenen Körper, krumme Beine und ein breites, grimassenhaftes Gesicht. Sie konnten nackt oder bekleidet sein, manchmal mit weiblichen und männlichen Geschlechtsmerkmalen zugleich. Dank ihrer Schutzfunktion waren sie eine volkstümliche Form des Sonnengottes. Sie waren weit auch über Ägypten hinaus verbreitet und wurden in grosser Zahl auch in Israel gefunden.

DAMASKUSSCHRIFT

Jüdische Schrift, bekanntgeworden 1897 durch die Entdeckung von einigen Ausschnitten daraus in der → Geniza von Kairo, später weiterer Fragmente in → Qumran. Sie ist hebräisch geschrieben, stammt wohl etwa aus dem 1. Jahrhundert v. Chr. von einer Gruppe, die aus Furcht vor gesetzlicher Verunreinigung nach «Damaskus» (Deckname, eventuell für Qumran) ausgewichen sind und dort die «Gemeinde des neuen Bundes» gegründet haben.

EISENZEIT

Bezeichnung für die Zeit, als die Menschen nach dem Umgang mit Bronze («Bronzezeit») das Schmelzen und die Bearbeitung von Eisen kannten. Für hier behandelte Objekte kommt die Eisenzeit IIB und IIC (ca. 926–605) infrage.

ENTZIFFERUNG

Beim Betrachten der Abbildungen von Inschriften aus dem Alten Israel und dem weiteren Umfeld der Bibel kann man sich die Frage stellen, wie es möglich ist, solche wirren und undeutlichen Zeichen zu entziffern. Zunächst ist auf die herkömmlichen und modernen Hilfsmittel hinzuweisen, wie Lupe, Mikroskop, Röntgenstrahlen, moderne Lasertechnik oder Magnetresonanz. Ähnlich wie es möglich ist, mit solchen Mitteln das Innere eines lebendigen Körpers zu durchleuchten, lassen sich auch Zeichen lesen, die von blossem Auge nicht sichtbar sind. Im langdauernden Quervergleich sind auch die Formen der einzelnen Buchstaben bekanntgeworden, sodass sich die Zeichen identifizieren lassen (siehe oben 1.1., mit Schrifttabelle). Auf dem Weg über die seefahrenden Phönizier ist diese Schrift etwa um 1000 v. Chr. (Zeit im einzelnen nicht sicher geklärt) aus dem Vorderen Orient nach Europa gekommen und hat sich hier zur griechischen und zu unserer «lateinischen» Schrift entwickelt. → Epigraphik; → Paläographie

EPIGRAPHIK
Griechisches Fachwort für die wissenschaftliche Deutung von antiken Dokumenten mit Inschriften aus archäologischen Funden oder dem Antikenhandel. → Entzifferung; → Paläographie

GENIZA
Kammer bei Synagogen, in denen die Juden Handschriften wie Torarollen (→ Tora) und andere wichtige Dokumente, die für die Verwendung im Gottesdienst nicht mehr ganz einwandfrei waren, deponierten, um sie vor Verunehrung zu schützen und später in geweihter Erde zu begraben. Die berühmteste Geniza, jene von Kairo, wurde offenbar vergessen und erst im 19. Jahrhundert entdeckt: Der Inhalt blieb weitgehend erhalten und ist eine äusserst wertvolle Quelle für die Gestalt damaliger Texte.

GRAB
Für die vorliegende Darstellung kommen von verschiedenen üblichen Begräbnisformen die Höhlengrabanlagen in Betracht, die in der Zeit vor und nach dem Exil von wohlhabenden Israeliten für die Familie ausserhalb der Siedlun-

gen in den Fels gehauen wurden. Darin wurden die Körper der Verstorbenen auf bankartige Nischen gebettet. Neben und unter diesen befanden sich Vertiefungen, die der späteren Ablage dienten: Nach der vollständigen Verwesung eines Körpers verlegte man die Gebeine und die Grabbeigaben in diese Vertiefungen, und die darüberliegende Nische wurde frei für die Bestattung eines weiteren Familienmitgliedes. Solche Repositorien dienten also einem ähnlichen Zweck wie später in unseren Gegenden die Beinhäuser.

HASMONÄER, HASMONÄISCH
Bezeichnung für die jüdische Herrschaft von 163 bis 37 v. Chr.

HELLENISMUS, HELLENISTISCH
Kulturform, die als Folge der Eroberungszüge Alexanders des Grossen in den so entstandenen griechischen Kolonien durch Wechselwirkung der orientalischen und griechischen Kultur entstanden ist. Die hellenistische Zeit dauert etwa vom 3. vorchristlichen bis zum 2. nachchristlichen Jahrhundert, hat besonders auch das Judentum dieser Zeit mit den spätesten Schriften des Alten Testaments sowie das Neue Testament und das Frühchristentum beeinflusst.

JHWH
Der alttestamentliche Gottesname, wegen seiner vier Konsonanten auch «Tetragramm» genannt, ist nach Ex 3,14 vom hebräischen Verb «sein» abzuleiten («ich bin, der ich bin»), nach – jedoch umstrittenen – neueren Theorien mit einem Wort für «wehen, blasen» zu verbinden. Mit sehr grosser Wahrscheinlichkeit wurde er ursprünglich «Jahwe»

ausgesprochen. Um den im zweiten der Zehn Gebote verbotenen Missbrauch des Gottesnamens auszuschliessen, wurde die Aussprache im späten nachexilischen Judentum ganz vermieden und durch andere Bezeichnungen ersetzt, am häufigsten durch «Adonaj», hebräisch für «Herr», oder *šəma'*, aramäisch für «Name». Das ist auch in den Handschriften von → Qumran zu erkennen (siehe dazu oben 10.4.2). In der → Septuaginta wurde der Name mit «Kyrios», dem Wort für «Herr», wiedergegeben, das bekannt ist in der appellativen Form von «kyrie eleison» («Herr, erbarm dich!»). Als die Juden im Mittelalter die hebräische Konsonantenschrift zur besseren Lesbarkeit mit Vokalzeichen ergänzten, versahen sie die vier Konsonanten JHWH mit den Vokalzeichen von Adonaj. So hat sich die Wiedergabe mit «Herr» bzw. dessen Entsprechung auch weltweit in den Bibelübersetzungen mehrheitlich durchgesetzt.

JW-/JO-

Aus Jeho- zusammengezogene Silbe in hebräischen (und daraus abgeleiteten) Eigennamen, die auf eine Kurzform von JHWH zurückgeht, z. B. in «Johannes» oder «Josua» (abgeleitet von «Josua» ist die Form «Jesus».) – *jw* ist auch aus dem Alten Testament bekannt vom Namen des Sohnes von Saul, «Jonatan» (erstmals in 1Sam 13,2). Dieselbe Person wird auch mit der längeren Form «Jehonatan» genannt, was in der Wiedergabe der Zürcher Bibel von 2007 erkennbar ist. Eine noch kürzere Form ist der Name des → hasmonäischen Königs Alexander «Iannäus».

MEZUZA (MEHRZAHL: MEZUZOT)

Am Türpfosten jüdischer Wohnhäuser befestigte, metallene oder hölzerne Kästchen als Behälter eines Pergamentstreifens, auf dem nach der Vorschrift von Dtn 6,9; 11,20 in 22 Zeilen der Text des Glaubensbekenntnisses «Höre, Israel ...» von Dtn 6,4–9 und dazu Dtn 11,13–21 geschrieben steht. Beim Betreten und Verlassen des Hauses wird dabei der durch eine Spalte sichtbare Gottesname mit dem Finger berührt und dieser anschliessend geküsst. Der Brauch ist nach dem Exil aufgekommen. Die älteste erhaltene Mezuza wurde in → Qumran gefunden.

OSTRAKON (MEHRZAHL: OSTRAKA)

Altgriechisches Wort für «Tonscherbe», in der → Epigraphik verwendete Bezeichnung für Scherben von Tongefässen, die in der Antike als praktisches, billiges und zahlreich verfügbares Schreibmaterial dienten. Die Inschriften können eingeritzt oder mit Tinte aufgeschrieben sein. Wenn Krüge zum Gebrauch beschriftet werden sollten, wurde z.B. der Name des Besitzers vor dem Brennen des Tons eingeritzt. Am bekanntesten und häufigsten sind Henkel von grossen Krügen mit der Aufschrift *lmlk*, «für den König». Da sich solche Scherben – oft auch mit der Tinte – im Boden über alle Zeiten hinweg erhalten, gehören Ostraka zu den wertvollsten archäologischen Funden.

PALÄOGRAPHIE

Bezeichnung für die wissenschaftliche Beschäftigung mit den Formen antiker Schriften. Noch stärker als in der Moderne haben sich in der Antike die Schriftformen im Laufe der Zeit verändert, sodass man umgekehrt aus den Schriftformen auf die Entstehungszeit und die ethnisch-kulturelle Herkunft eines Fundobjektes schliessen kann. Dazu kann zusätzlich der archäologische Befund beitragen, in welche Zeit die Schicht zu datieren ist, in der das Dokument ausgegraben wurde. Vielfach wird jedoch die Aussagekraft der Paläographie überschätzt, denn unterschiedliche Schreibformen sind damals wie heute auch durch unterschiedlich schreibende Hände und nicht nur einer Zeit oder einem bestimmten Volk entsprechend zu erklären. Deshalb sollte die Paläographie zurückhaltend und vorsichtig angewandt werden. → Entzifferung; → Epigraphik

PAPYRUS
Blätter der Papyrusstaude, die beschrieben wurden und sich fast nur im trockenen Sand von Ägypten erhalten haben. Davon leitet sich unser Wort «Papier» ab.

PENTATEUCH
Fachwort für die fünf Bücher Mose; → Tora

PHYLAKTERION (MEHRZAHL: PHYLAKTERIEN)
So werden im griechischen Neuen Testament die aramäisch «Tefillin» genannten und seit Martin Luther unter dem Namen «Gebetsriemen» bekannten Stoffe bezeichnet, die von den männlichen Israeliten beim Morgengebet getragen werden. Sie dienen zur Befestigung eines Kästchens, in dem sich vier extrem verkleinert auf Pergament geschriebene Abschnitte des Gesetzes befinden: Ex 13,1–10.11–16; Dtn 6,4–9; 11,13–21. Früher gehörte auch noch der Dekalog (die «Zehn Gebote») zu diesen Abschnitten. Diesem Umstand haben wir die ältesten bekannten Texte des Dekalogs zu verdanken, die in → Qumran gefunden wurden. So wird

die wohl symbolisch gemeinte Anweisung von Dtn 6,8 buchstäblich umgesetzt.

QUMRAN

Seit dem Bekanntwerden des Zufallsfundes eines beduinischen Schafhirten im Frühling 1947 am Nordwestufer des Toten Meeres wohl die berühmteste und ertragreichste archäologische Fundstätte aus der Umwelt der Bibel. Die nun endlich vollständig veröffentlichten Handschriften, bekannt als «Schriftrollen vom Toten Meer», stammen etwa aus der Zeit zwischen dem zweiten vorchristlichen und dem dritten nachchristlichen Jahrhundert und sind biblischen und nichtbiblischen Inhalts.

Abgesehen von den zwei kleinen in diesem Buch vorgestellten, noch älteren Silberröllchen aus dem Grab von Ketef Hinnom fanden sich dort die ältesten bekannten umfangreichen und fragmentarischen Bibelhandschriften, ferner die ältesten ergänzenden Kommentare zu Bibeltexten sowie nichtbiblische religiöse Schriften, die wohl zu einer Art essenischer Klostergemeinschaft gehörten (was heute zwar nicht mehr unbestritten ist).

SEPTUAGINTA

Die älteste und wichtigste Übersetzung des hauptsächlich hebräisch verfassten Alten Testaments ins Griechische. Der Name mit der Zahl 70 (abgekürzt mit der römischen Zahl LXX) geht auf eine Legende zurück, wonach 72 Juden (sechs aus jedem der zwölf Stämme Israels) in 72 Tagen die Übersetzung angefertigt hätten. Entstanden ist sie etwa zwischen 250 und 150 v.Chr. Die Verfasser des Neuen Testaments zitieren das Alte mehrheitlich nach der Septuaginta. Der Text weicht teilweise erheblich vom hebräischen Text ab, etwa in den Samuelbüchern oder bei Jeremia. Die Wissenschaft vertritt heute zunehmend die Auffassung, dass die Vorlage der LXX älter sein kann als der anerkannte, sogenannte masoretische Text der Hebräischen Bibel. Wahrscheinlich gab es schon früh verschiedene Textformen nebeneinander, also nicht einen eigentlichen ursprünglichen Urtext.

Siegel

Siegel haben im Alten Orient eine ähnliche Form gehabt und demselben Zweck gedient wie noch vor kurzem bei uns und waren seit frühester Zeit weit verbreitet. Die Verwendung von Siegeln zeigen anschaulich 1Kön 21,8, wo Isebel, die Gattin des Königs Achab (871–852), dessen Siegelstempel missbraucht, und Jer 32,10, wo der Prophet die Rechtmässigkeit des Vertrages für den Kauf seines Feldes in Anatot mit einem Siegel bestätigt. Als Identitätsausweis trug man ein Siegel mit sich – an einer Schnur um den Hals, um den Arm oder in einen Fingerring gefasst – und machte damit einen Abdruck auf Lehm, etwa zur Bestätigung der Rechtmässigkeit eines Dokumentes, zum Beispiel eines Papyrusbriefes (→ Papyrus).

Die Originalsiegel sind aus beständigem Material (Stein oder Metall) spiegelverkehrt gearbeitet. Originale, häufiger noch die damit erstellten, seitenrichtigen Abdrucke auf Ton, «Bullen» genannt, haben sich unter der Erde gut erhalten und gehören zu den häufigsten archäologischen Funden mit grosser Aussagekraft. Zwei Typen sind zu unterscheiden: walzenförmige Rollsiegel und ovale Stempelsiegel. Rollsiegel, vor allem im Osten des Vorderen Orients (in

Mesopotamien) verbreitet, bestanden aus einer kleinen, längs durchlochten, meist steinernen Walze mit eingekerbtem Motiv, die man über einem flachen Lehmstück abrollte. Abbildung 7 (oben 6.1.) zeigt rechts ein Rollsiegel, links den (vergrösserten) rechteckigen Abdruck, der sich beim Abrollen ergibt. Stempelsiegel, stärker im Westen des Vorderen Orients bekannt, haben meist eine ovale Form, die sich von den → Skarabäen ableitet. In der Regel sind sie in Halbedelstein, etwa Quarz oder Onyx, gefertigt. Siehe auch oben 6.2.

Vor allem in der älteren Zeit enthalten Siegel nur Bilder und Symbole. Es finden sich aber auch Siegel mit Bildern und Namen, manchmal in bezeichnender Kombination und kunstvoller Gestaltung. Vom 7. Jahrhundert an weisen die hebräischen Siegel fast nur noch Texte auf, kaum mehr Abbildungen. Eine ähnliche Entwicklung ist auch in unmittelbaren Nachbarkulturen zu beobachten, sie ist aber in Israel stärker ausgeprägt und wohl mit dem biblischen Bilderverbot in Zusammenhang zu bringen. Die Mehrzahl der beschrifteten Siegel enthält nur den Namen des Eigners, zur genauen Identifizierung oft gefolgt von demjenigen des Vaters, da man ja noch keine Vor- und Familiennamen im heutigen Sinn kannte. Manchmal wird noch eine Stellung oder ein Beruf angefügt. Beispielsweise bezeichnet sich Baruch ausdrücklich als «Schreiber», Achas als «König».

Skarabäus (Mehrzahl: Skarabäen)

Typischer ägyptischer Schmuck in der Form eines Mistkäfers, als → Amulett und → Siegel verwendet und auch zu Siegelringen gefasst. Oft tragen sie den Namen eines Pharaos und sind darum hilfreich zur Datierung von Funden.

Die vielen Funde von Skarabäen auch in Palästina bezeugen den grossen ägyptischen Einfluss auf diese Region.

STALAKTIT

Von der Decke einer Höhle herabhängender Tropfstein

TORA

Hebräisches Wort für «Gesetz», «Weisung», meint speziell die Gesetze im → Pentateuch und wird daher zur jüdischen Bezeichnung für die Gesamtheit der fünf Bücher Mose als Teil der Hebräischen Bibel.

TOTENROLLEN

Seit der 18. Dynastie (ca. 1530–1300 v. Chr.) entwickelte sich im alten Ägypten der Brauch, Zaubersprüche, Beschwörungsformeln und liturgische Anweisungen aus dem Totenbuch auf Papyrusrollen (→ Papyrus) zu schreiben, in den Sarg zu legen oder in die Mumie einzuwickeln.

Register

Bibelstellen

Ps 18,17–18 — 82
Ps 19,15 — 88
Ps 22 — 108
Ps 24,5 — 11
Ps 30,10 — 76
Ps 69,2.3.15 — 82
Ps 72,14–17 — 90
Ps 78,35 — 88
Ps 78,35–37 — 90
Ps 80,4.8.20 — 88
Ps 88,11–13 — 76
Ps 103,2 — 57
Ps 115,15 — 18
Ps 115,18 — 71 77
Ps 138,7 — 82
Ps 141,9 — 88 90
Ps 144,7 — 82
Spr 3,2 — 74
Spr 3,3 — 57
Spr 10,7 — 78 115
Hld 8,6 — 57
Jes 38,18 — 76
Jes 46,4 — 72
Jes 60,1–3 — 69
Jes 63,16 — 94
Jer 32 — 25 59
Jer 32,10 — 129
Jer 36 — 25 59
Jer 40,8.14 — 24
Dan 9,4 — 89
Mal 3,20 — 69
Mt 27,57–60 — 73
Mk 15,34 — 108
Apg 23,31 — 52
Röm 1,7 — 40
Röm 16,20 — 40
1Kor 16,22 — 30
2Kor 1,3 — 40
2Kor 13,13 — 40

Sachen

Namen

Orte

Literaturverzeichnis

Abkürzungen nach *Redaktion der RGG⁴ (Hg.)*, Abkürzungen Theologie und Religionswissenschaft nach RGG⁴ (Tübingen 2007).

Avigad, N./Sass, B., Corpus of West Semitic Stamp Seals (Jerusalem 1997).

Barkay, G., The Riches of Ketef Hinnom: BArR 35, 4/5 (2009) 22–35.122–126.

Barkay, G./Vaughn, A. G./Lundeg, M./Zuckerman, B., The Amulets from Ketef Hinnom: A New Edition and Evaluation: BASOR 234 (2004) 41–71.

Berlejung, A., Der gesegnete Mensch, in: dies./R. Heckl (Hg.): Mensch und König: HBS 53 (2008a) 37–62.

Berlejung, A., Ein Programm fürs Leben; Theologisches Wort und anthropologischer Ort der Silberamulette von Ketef Hinnom: ZAW 120 (2008b) 204–230.

Berlejung, A./Janowski, B. (Hg.), Tod und Jenseits im alten Israel und in seiner Umwelt: theologische, religionsgeschichtliche, archäologische und ikonographische Aspekte: FAT 64 (2009).

Beyer, K., Die aramäischen Inschriften aus Assur, Hatra und dem übrigen Ostmesopotamien (Göttingen 1998).

Bordreuil, P., Sceaux inscrits des pays du Levant: Supplément au Dictionnaire de la Bible (Paris 1992) Sp. 86–212.

Davies, G.I., Ancient Hebrew Inscriptions. Corpus and Concordance (Cambridge UK 1991).

Deutsch, R., Messages from the past: Hebrew bullae from the time of Isaiah through the destruction of the First Temple (Tel Aviv 1999).

Deutsch, R., Biblical Period Personal Seals in the Shlomo Moussaieff Collection (Tel Aviv 2000).

Deutsch, R., Lasting Impressions; New Bullae Reveal Egyptian-Style Emblems On Judah's Royal Seals: BArR 28/4 (2002) 42–51.60–62.

Deutsch, R./Heltzer, M., New Epigraphic Evidence from the Biblical Period (Tel Aviv 1995).

Dietrich, W./Vollenweider, S., Art. Tod II, Altes und Neues Testament: TRE 33 (2001) 582–600.

Eberhardt, G., JHWH und die Unterwelt: FAT 2/23 (2007).

Frettlöh, M. L., Gott segnen: EvTh 56 (1996) 482–510.

Frettlöh, M. L., Theologie des Segens, Biblische und dogmatische Wahrnehmungen (Gütersloh 1998).

Greiner, D., Segen und Segnen. Eine systematisch-theologische Grundlegung (Stuttgart 2. Aufl. 1999).

HAE: Renz, J./Röllig, W., Handbuch der althebräischen Epigraphik, Bände I; II/1; III (1995); Band II/2 (2003).

Hauser, A., Von den letzten Dingen; Tod, Begräbnis und Friedhöfe in der Schweiz, 1700–1990 (Zürich 1994).

Hauser, A., Grüezi und Adieu; Gruss- und Umgangsformen vom 17. Jahrhundert bis zur Gegenwart (Zürich 1998).

Horst, F., Segen und Segenshandlungen in der Bibel, in: ders., Gottes Recht: TB 12 (1961) 188–202.

Hübner, U., Die Ammoniter, Untersuchungen zur Geschichte, Kultur und Religion eines transjordanischen Volkes im 1. Jahrtausend v. Chr.: ADPV 16 (1992).

Janowski, B., Die Toten loben JHWH nicht; Psalm 88 und das alttestamentliche Todesverständnis: Der Gott des Lebens: Beiträge zur Theologie des AT 3 (2003) 201–243 (Nachdruck aus WUNT 35, 2001).

Janowski, B., Der Gott Israels und die Toten, in: Die Welt als Schöpfung: Beiträge zur Theologie des Alten Testaments 4, Neukirchen-Vluyn 2008, 266–304.

Jaroš, K., Hundert Inschriften aus Kanaan und Israel (Fribourg 1982).

Jaroš, K., Inschriften des Heiligen Landes aus vier Jahrtausenden: CD-Rom (Mainz 2001).

KAI: Donner, H./Röllig, W., Kanaanäische und aramäische Inschriften, I–III (Wiesbaden 1962–1964, 2. Aufl. 1964–1968).

Keel, O., Das Recht der Bilder, gesehen zu werden: OBO 122 (1992).

Keel, O., Die Geschichte Jerusalems und die Entstehung des Monotheismus: Orte und Landschaften der Bibel IV/1 und 2 (Göttingen 2007).

Keel, O./Uehlinger, Chr., Göttinnen, Götter und Gottessymbole: QD 134 (5. Aufl. 2001).

Kuhn, K. G., Phylakterien aus Höhle 4 von Qumran: AHAW 1957, Heft 1.

Leuenberger, M., «Deine Gnade ist besser als Leben» (Ps. 63,4). Ausformungen der Grundkonstellation von Leben und Tod im alten Israel: Bib. 86 (2005) 343–368.

Leuenberger, M., Segen und Segenstheologien im Alten Israel: AThANT 90 (2008a).

Leuenberger, M., Blessing in Text and Picture in Israel and the Levant. A Comparative Case Study on the Representation of Blessing in Ḥirbet el-Qom and on the Stela of Yehawmilk of Byblos: Teil 1: BN 139 (2008b) 61–77; Teil 2: BN 141 (2009) 67–89.

Liess, K., Der Weg des Lebens. Psalm 16 und das Lebens- und Todesverständnis der Individualpsalmen: FAT 2/5, 2004.

Naveh, J./Shaked, Sh., Amulets and Magic Bowls. Aramaic Incantations of Late Antiquity (2. Aufl. Jerusalem 1987).

Noth, M., Die israelitischen Personennamen im Rahmen der gemeinsemitischen Namengebung (Stuttgart 1928, Nachdruck Hildesheim 1966).

Schäfer, P./Shaked, S. (Hg.), Magische Texte aus der Kairoer Geniza I: Texte und Studien zum antiken Judentum (TSAJ) 42 (1994); II (TSAJ) 64 (1997); III: TSAJ 72 (1999).

Schottroff, W., Der altisraelitische Fluchspruch: WMANT 30 (1969).

Schrire, T., Hebrew Amuletts. Their decipherment and interpretation (London 1966).

Schroer, S., In Israel gab es Bilder: OBO 74 (1987).

Seybold, K., Der Segen und andere liturgische Worte aus der hebräischen Bibel (Zürich 2004).

Stolz, F., Einführung in den biblischen Monotheismus (Darmstadt 1996).

Wehmeier, G., Der Segen im Alten Testament. Eine semasiologische Untersuchung der Wurzel *brk* (Th. Diss Basel 6) (Basel 1970).

Abbildungsnachweis

Autor und Verlag waren bemüht, alle nötigen Abdruckrechte einzuholen. Sie bitten, nicht erhebbar gewesene Rechte gegebenenfalls beim Theologischen Verlag Zürich zu melden.

Abb. 1, 7, 8, 9	Israel Exploration Society
Abb. 3	Courtesy of the excavator of the site, Zeev Meshel
Abb. 4	Librairie d'Amérique et d'Orient, Ed. Jean masionneuve, Semitica 46 (1996) 62, Paris
Abb. 5	Archaeological Publications Center
Abb. 6	Verlag Herder GmbH, Freiburg im Breisgau, aus Keel/Ühlinger, Gottessymbole, 5. Auflage 2001
Abb. 10	Wissenschaftliche Buchgesellschaft, Darmstadt, aus Renz/Röllig, Handbuch der althebräischen Epigraphik, Band III (1995)
Abb. 11, 12	American Schools of Oriental Research
Abb. 13	Archäologie Schweiz, Basel
Abb. 14	Gabriele Gattinger, Institut für Ur- und Frühgeschichte, Universität Wien

Bibelstellen werden nach der Zürcher Bibel (2007) zitiert © Verlag der Zürcher Bibel beim Theologischen Verlag Zürich.